本书由贵阳市财政支持贵阳学院学科与硕士点建设项目【ML-2019】资助出版

中国书籍学术之光文库

当代大学生思想与行为规范培育研究

刘 慧 | 著

中国书籍出版社
China Book Press

图书在版编目（CIP）数据

当代大学生思想与行为规范培育研究/刘慧著. —北京：中国书籍出版社，2019.10
  ISBN 978－7－5068－7497－7

Ⅰ.①当… Ⅱ.①刘… Ⅲ.①大学生—思想政治教育—研究—中国 Ⅳ.①G641

中国版本图书馆 CIP 数据核字（2019）第 242975 号

当代大学生思想与行为规范培育研究

刘 慧 著

责任编辑	赵秀村
责任印制	孙马飞　马　芝
封面设计	中联华文
出版发行	中国书籍出版社
地　　址	北京市丰台区三路居路 97 号（邮编：100073）
电　　话	（010）52257143（总编室）　（010）52257140（发行部）
电子邮箱	eo@chinabp.com.cn
经　　销	全国新华书店
印　　刷	三河市华东印刷有限公司
开　　本	710 毫米×1000 毫米　1/16
字　　数	210 千字
印　　张	16
版　　次	2019 年 10 月第 1 版　2019 年 10 月第 1 次印刷
书　　号	ISBN 978－7－5068－7497－7
定　　价	85.00 元

版权所有　翻印必究

序　言

　　思想是客观存在反映在人的意识中经过思维活动而产生的结果,是一系列的信息输入人的大脑后形成的一种可以用来指导人的行为的意识。行为是指受思想支配而表现出来的外在活动。规范就是一种标准、一种准则,可以是人们约定俗成的,也可以是人们有意识制定的。最常见规范的地方是法律生活领域和道德生活领域,一切法律条文和道德规范都是一种具体的法律规范和道德规范。人们约定俗成的,也可以是人们有意识制定的。但规范又绝不限于法律或道德领域,在许多别的领域,尤其是在许多涉及人们的活动的领域,总伴随着相应的规范。例如,我们在社会生活中所碰到的各种行政规定,在军队中实行的纪律、条令等,都属于各自领域的规范。不论规范有多少不同的表现形式,也不论规范是由人们约定俗成的还是有意识制定的,规范都必须具有自己客观的社会基础,或者说,规范本身必须是客观的社会要求和人们的主观意识相统一的结果。简单地说,人的思想就是人的意识,人的行为规范就是人有意识有目的的活动。思想的形成和发展既受客观外界条件即一定的社会环境和物质生活条件的影响,又受主观内部因素如人们的生理和心理发展状况的制约。人的思想就是在这两种因素的交互作用中产生、发展和变化的。

人的思想行为规范是社会环境因素、生理和心理相互作用的产物和表现。每个人都生活在一定环境中，在外界环境的刺激下，都会作出一定反应。这种对外界环境刺激的反应，就是行为规范。思想和行为规范是对立统一、不可分割的。两者的对立性表现在：思想是一种精神现象，是存在于人的大脑中的意识，而行为规范是一种物质运动，表现在人的机体的外在实践活动中；思想的活动过程是人的内部变化，是不可见的，而行为规范活动是机体的外部活动，是可见的；思想处于支配地位，而行为规范处于被支配地位。但思想和行为规范又是不可分割的，它们互为条件，互相渗透，相互依存，思想是行为规范的内在基础，支配着行为规范，没有无思想的行为；行为是思想的外在表现，反映思想，也没有无行为规范的思想。而且它们在一定条件下可以相互转化，思想指导行为规范，行为规范深化思想。思想支配行为，行为规范反映思想，两者是辩证统一的关系。当代大学生都是出生于20世纪90年代以后，绝大多数都是独生子女，还有的甚至是独二代，他们在个体生活环境和当前社会大背景的影响下，展现出特有的思想特征和行为规范上的特点。总体体现为"90后"大学生思想活跃、积极、进取，但理想信念比较模糊；价值观念多元、自我、务实，功利性取向明显；个性独立、乐观、张扬，但容易以自我为中心；以网络为重要的日常生活工具，但媒介素养欠缺；道德选择困惑，知行缺乏统一性，等等。

在全球化和信息化浪潮的冲击之下，社会上充斥着多元复杂的道德观念，互相激荡的各种思想文化和价值观念必然辐射、影响到当代大学生，引起其内心价值观念的冲突和博弈，形成纷繁复杂的道德生态。"90后"大学生思想行为特点的形成与变化，是他们所处的特定时代背景、生活环境及其自身身心发展共同作用、综合影响的结果。斯坦利·霍尔曾经指出，青春期是充满风暴和压力、充满情感混乱和骚动的人生阶段，具有明显的个体精神焦虑和社会失序特征。进入大学的"90后"正处于身心发展成熟、社会性成长和价值观形成的关键时期，生理发育的成熟与心理发展的逐渐完善，催生了他们的成人感，强化了他们的自主意识。为此，通过对大学生思想和行为规范的研究，进一步指导他们的行为，同时对大学生的外在行为模式进行研究，将有利于了解和掌握大学生的思想特点，促进当代大学生成长成才。

目 录
CONTENTS

第一章 当代大学生思想培育的理论基础 …………………… 1
 第一节 当代大学生思想产生的来源 ………………………… 1
 第二节 当代大学生思想形成的本质和结构 ………………… 8
 第三节 当代大学生的思想特性和作用 ……………………… 16

第二章 当代大学生行为规范培育的思想溯源 ……………… 25
 第一节 实践的特点和形式 …………………………………… 26
 第二节 实践是认识的基础 …………………………………… 33
 第三节 实践中认识的辩证运动 ……………………………… 41

第三章 当代大学生思想与行为规范培育状况调查 ………… 54
 第一节 大学生思想与行为规范培育状况调查设计 ………… 56
 第二节 大学生思想与行为规范培育调查现状 ……………… 61
 第三节 当代大学生思想与行为规范的培育困境 …………… 78
 第四节 当代大学生思想与行为规范培育的现实基础 ……… 89

第四章　培育当代大学生马克思主义信仰 …… 110
第一节　马克思主义信仰的价值体现 …… 110
第二节　当代大学生马克思主义信仰教育的价值和意义 …… 118
第三节　大学生马克思主义信仰教育必须坚持的原则 …… 124
第四节　大学生马克思主义信仰教育的主要内容 …… 130
第五节　大学生马克思主义信仰教育的对策 …… 136

第五章　培养当代大学生的社会责任感 …… 142
第一节　责任教育相关概念内涵 …… 143
第二节　责任教育的理论溯源 …… 152
第三节　培养大学生责任感的教育模式 …… 166
第四节　当代大学生社会责任感形成途径 …… 174

第六章　培育大学生核心素养和行为规范 …… 178
第一节　培育大学生核心素养和行为规范的重要性 …… 178
第二节　大学生核心素养和行为规范培育的概况 …… 185
第三节　构建大学生核心素养和行为规范培育的保障体制 …… 195
第四节　小结 …… 200

参考文献 …… 204

第一章

当代大学生思想培育的理论基础

第一节 当代大学生思想产生的来源

物质是现实世界的统一基础,物质世界发展到一定的阶段上,产生了与自己既相对立又相统一的意识现象。要科学地理解当代大学生的思想本质,正确地把握当代大学生的思想与行为培育之间的关系,就要对当代大学生的思想即意识的起源、本质、结构和功能等有关思想意识的基本问题有一定了解,才能奠定当代大学生的思想与行为培育的理论依据。辩证唯物主义认为,任何事物都是在历史的发展过程中规定自己的本质的。因此,只有对意识现象进行历史的考察,弄清它的发生和发展过程,才能切实地把握当代大学生思想产生的源泉和形成本质。

一、当代大学生思想产生的自然基础

人的思想就是人的意识的表现。马克思主义哲学批判地总结了哲学史上的各种意识观,全面地概括了自然科学和人文科学的发展成果,科

学地解决了思想意识的起源、本质、结构和作用等问题。它在思想意识起源问题上的基本观点是："我们自己所属的物质的、可以感知的世界，是唯一现实的，而我们的意识和思维，不论它看起来是多么超感觉的，总是物质的。肉体的器官即人脑的产物，物质不是精神的产物，而精神却只是物质的最高产物。"[1] 从客观的物质世界的演化中产生出能思想有意识的生物，是物质世界运动的内在本性和必然结果。

辩证唯物主义意识观的基本出发点是：人类及其意识首先是物质世界自身长期进化的结果。在由自然物质到人类意识的漫长的转化过程中，经历了三个具有决定性的发展环节，即由一切物质所具有的反应特性到低级生物的刺激感应特性；由低级生物的刺激感应性到高级动物的感觉和心理；由一般动物的感觉和心理到人类意识的产生。这种由物质的反应特性到人类意识产生的依次转化过程，就是人类意识得以发生的自然基础和"史前时代"，"如果没有这个史前时代，那么能够思维的人脑的存在就仍然是一个奇迹"。

意识所形成的思想不是一切物质的特性，但所有物质在相互作用中都具有在本质上感觉相近的反应特性，这是人类思想意识产生的最普遍的物质基础。"反应特性"是同物质的组织结构和存在方式相联系的。物质的组织结构和存在方式不同，物质的反应特性也相应地表现为不同的形式，无生命的物质对作用于它的事物的"反映"，是以机械、物理和化学的反应形式表现出来的。我们知道，宇宙万物之间存在着普遍的相互联系和相互作用，而一切物质所具有的反应特性就表现在事物的这种相互作用中，它是物质相互作用的一个特定表现和结果，机械力作用

---

[1] 马克思恩格斯选集：第4卷 [M]. 北京：人民出版社，2012：223.

于物体所产生的反应是物体的位置和运动状态的变化，而物体运动状态的改变则反映着外力作用的方向和大小。

自然科学的发展，特别是信息论、控制论的发展，进一步揭示了物质反应特性的普遍性和规律性。一切物质客体都具有的反应特性有以下几个重要特点。第一，没有引起反应的东西，就不能有反应，而引起反应的东西是不依赖于产生反应的物体而存在的。风化是石头受到空气、阳光、水分的作用而产生的反应，但空气、阳光、水分等是不依赖于石头而存在的。没有光照就不会有半导体的光敏反应，而光照是不依赖于半导体材料而存在的。第二，在反应过程中，受到作用的东西只是反应了产生作用的东西的部分属性。石头的风化只是空气、阳光和水的部分性质的反应，风化并未对空气中的氮、光速的大小等作出反应。第三，在引起反应的东西和产生反应的东西之间，有着某些相通的、一致的、近似的内容。空气、阳光和水引起石头的风化，在风化了的石头中就包含着空气和水的成分、阳光的能量等，人们从某处有风化现象就可以判断那里曾经有水。反应特性是一切物体都具有的共同本性，生物的感应、感觉和人的意识是这种反应特性发展到更高阶段的特殊表现。由此可见，意识不过是统一的物质世界的多样性的一种表现，意识现象的产生和存在，并没有否定而恰恰是进一步证明了世界的物质统一性。同时也说明，既然物质客体都具有反应的特性，那么这就为从无感觉的物质中产生有感觉的物质，进而从有感觉的物质中产生能思维的物质提供了可能。只要具备了一定的条件，这种可能就变成了必然。因此，物质的反应特性原理对研究意识的起源和本质，有着重要的科学方法论的意义。从人类意识产生的前史可以看到：第一，反应能力或反应特性是物质世界和生物进化长期发展的产物，并没有任何神秘性；第二，生物的反应特性和能力有一个历史的发展过程,生物的反映从刺激感应到感觉再到动物心理的发展,为人的思想意识也为大学生的思想的产生奠定了自然基础。

二、当代大学生思想产生的社会基础

人类意识是自然界长期发展的产物,是直接从动物心理发展而来的,但它不单纯是生物自然进化的结果,同时也是社会的产物,意识是随人和人类社会一起产生并发展的。正如马克思指出的,"意识一开始就是社会的产物,而且只要人们还存在着,它就仍然是这种产物"。①人正是在适应自然、改造自然过程中不断形成劳动活动方式,人的精神意识也相应地产生了。人类为了自己的生存,已不再单纯地适应环境,而是开始改变环境,使之适应自己的生存需要。生产劳动是改变环境的基本手段和基本活动,同时也推进了人的意识的形成。但是,人的劳动活动从一开始就具有社会性,这也推动了人的思想意识的社会基础的形成。从事社会活动的人不仅能自觉地意识到在生产劳动形成的社会关系及其作用,而且还能自觉地改变或创造一定的社会关系及其存在方式。社会关系主要通过社会成员之间的物质和精神的交往活动表现出来。人的交往活动同动物的本能的群体行为有着质的区别。马克思恩格斯指出:"意识到必须和周围的人们来往,也就是开始意识到人总是生活在社会中的。这个开始和这个阶段上的社会生活本身一样,带有同样的动物性质;这是纯粹畜群的意识,这里人和绵羊不同的地方只是在于:他的意识代替了本能,或者说他的本能是被意识到了的本能。"② 人是最

---

① 马克思恩格斯选集:第1卷[M]. 北京:人民出版社,2012:35.
② 马克思恩格斯选集:第1卷[M]. 北京:人民出版社,2012:36-36.

为名副其实的社会化动物，离开社会组织和社会交往的孤立的人，是根本不存在的，更不可能有现实的生产劳动。人类任何形态的生产劳动，既能体现人和自然之间的关系，又能体现人和人之间的社会关系。"他们如果不以一定方式结合起来共同活动和互相交换其活动，便不能进行生产。为了进行生产，人们便发生一定的联系和关系；只有在这些社会联系和社会关系内，才会有他们对自然界的关系，才会有生产。"[1] 恩格斯指出"人类社会区别于猿群的特征又是什么呢？是劳动"[2]。当然，人类社会的形成又为生产劳动和意识活动的发展创造了崭新的条件，意识的产生同语言有着十分密切的联系，而语言也产生于人类的生产劳动过程之中，"语言是从劳动中并和劳动一起产生出来的，这是唯一正确的解释"[3]。总之，劳动一开始就是集体的、社会的活动，因此，离开了集体和社会就不会有劳动，也决不会有人的意识。在生产劳动中形成的人与自然、社会的关系，不仅通过物质活动表现出来，而且也必然会通过精神的、意识的活动表现出来；社会成员之间不仅要进行物质的交换，而且还要交换意识，互相通信，传递信息，交流思想和情感，手势、呼叫、表情等就成了最初的人类交换意识的手段。

正如恩格斯指出的，劳动使人们互相帮助和共同协作的机会和场合增多了，并且使每个人都清楚地意识到互相帮助、共同协作的好处，从而劳动的发展必然促使社会成员更紧密地互相结合起来。人类在形成过程中，由于彼此交往的迫切需要，已经达到"彼此间有些什么非说不可的地步"了。于是，人的喉头，缓慢而又肯定地得到了改造，逐渐

---

[1] 马克思恩格斯选集：第6卷［M］．北京：人民出版社，2012：486．
[2] 马克思恩格斯选集：第3卷［M］．北京：人民出版社，2012：513．
[3] 马克思恩格斯选集：第3卷［M］．北京：人民出版社，2012：511．

学会了发出一个个清晰的音节，这就是语言。没有语言，人们不可能交流思想，也就不可能有效地进行社会的集体的劳动。生产劳动需要语言，语言和意识一样，是劳动的产物。在劳动和语言的推动下，人与外部世界的关系日趋丰富和复杂；正在形成中的人脑更加完善；人的感觉能力和思维能力也不断得到提高。特别是借助于语言符号系统，使人类的综合概括能力和抽象思维能力得到了迅速的发展，并且使人类有可能用观念的、符号的形式反映和把握外部对象，进而有可能有意识地操作、改造和创设对象世界。由于愈来愈复杂的语言符号系统的发展，人类的意识交换活动日益扩展到各个领域，并且成为了一个相对独立的社会活动系统而存在和发展。人们在生产劳动中不仅同自然界，同周围的人发生直接的现实关系，而且也广泛地同以往时代的人们发生历史的关系，正是通过这种历史的"合作"和文化的积淀，人类才实现了思想意识、经验技能、文化知识、价值观念的代际传承。语言和劳动是精神、意识的发展具有历史继承性的现实基础，而历史的发展的精神、意识反过来又成了劳动和语言进一步发展的愈来愈巨大的推动力。

总之，生产劳动是意识产生的根本的推动力量，语言是意识产生的关键环节，而社会和社会交往活动是语言和意识产生的基本条件。人类在社会性的生产劳动中推动了人的意识的形成。因此，意识的产生和发展始终依赖于社会交往和社会实践，社会历史的产生和发展是人类意识产生和发展，也是当代大学生思想产生形成的社会基础。

三、当代大学生思想产生的生理基础

人类意识的产生不但有着自然进化和社会运动的客观基础，而且还有着高度组织化的复杂的神经生理基础，这就是人的意识，也是当代大

学生思想产生的生理基础。马克思指出："人们的意识也是受他们的肉体组织所制约的。"① 人的肉体组织包括肢体器官和大脑，尤其是人脑的形成，对人的意识的产生和发展具有至关重要的意义。人脑是自然进化和社会生产劳动的产物，它是意识产生的最直接、最根本的物质承担者，即神经生理基础。意识是人脑的机能。为了全面揭示意识产生的客观的物质的基础，就需要对它的生理基础、特别是人脑的组织有一个基本的了解。脑的出现是生物为适应环境而长期进化发展的结果。显然，人脑之所以能成为意识的物质器官和生理基础，具有意识这种特殊的机能和属性，是同人脑这种特殊的物质本身的复杂结构、严密组织相关联的。脑科学已成为一门专门的学科。现代脑科学的研究成果证明，人脑是意识活动的中枢，意识活动是人脑的机能，没有高度严密复杂的神经生理系统——人脑，就不可能有人的意识活动。意识作为人脑的机能，其具体的生理运行机制并不是直接看得见，摸得着的。因而经常有一些人认为人的意识活动无法客观地进行研究而只能主观推测。然而，辩证唯物主义关于意识是人脑的机能或属性，人的心理过程以生理过程为基础的原理，是同科学的发展完全一致的。因此，意识活动同人脑的高级神经活动的生理过程以及物理、化学过程是分不开的，离开了这些物质的生理活动过程，就不可能有人的意识。人脑产生意识的神经生理基础以及物理的、化学的过程，有助于理解意识是人脑的活动机能和意识的本质。但是，产生意识的高级神经活动不能简单地等同于生理的过程，生理活动又不能简单地等同于物理的、化学的过程。否则，人的意识与动物的心理就没有本质的区别了。生理学、物理学、化学等自然科学的

---

① 马克思恩格斯选集：第1卷［M］．北京：人民出版社，2012：33．

发展之所以不能完全揭示意识的全部内容及本质，一个重要的原因就在于，意识和思维着的人脑同时也是社会运动的产物，意识是同社会实践相联系的，是对客观实在的能动的反映。因此，要对人的意识活动有更全面的了解，就不能仅仅停留在了解意识起源的物质基础上，还必须进一步考察意识的内在本质。

第二节　当代大学生思想形成的本质和结构

人的思想产生和形成都是以人的意识为基础的，因此人的意识的本质和结构也是人的思想的本质和结构，即当代大学生的意识的本质和结构也是他们的思想的本质和结构。人的意识活动作为对客观存在的主观反映，它有着独特的本质、丰富的内容和复杂的结构，因而，研究当代大学生思想形成的本质和结构有助于从根源上正确引导当代大学生的思想和行为规范。

一、当代大学生思想是客观存在的反映

人脑是思维的器官，但不是思维的源泉。意识是人脑的机能，但是光有人脑还不能产生意识。人们只有在社会实践中同外在的客观世界打交道，使人脑和其他反应器官同客观世界发生联系，才会产生意识。意识从其生理基础来看，是人脑的机能。这里涉及的是意识同它的物质前提和物质器官的关系；而从其对象和内容来看，它又是客观存在的反映，这里涉及的是映象同客体的关系。只有把这两方面结合起来，才能完整地把握意识的内容和本质。马克思说："观念的东西不外是移入人

的头脑并在人的头脑中改造过的物质的东西而已。"①列宁说："感觉是客观世界,即世界本身的主观映象。"②"改造过的物质的东西",客观世界的主观映象,都是从主观和客观的关系上对意识本质的科学规定。这表明,在意识、观念的问题上,马克思主义哲学首先坚持的是能动反映论的观点。

"反映"（Reflexion）概念最初是用来形容光的反射性质的。一般说来,人的认识、意识活动也具有这样一种类似反射性的特征。因为,当外界客体作用于人的感觉和思维器官后,人就会相应地作出"反映",并能在思维着的头脑中"复制""再现"客体。因此,从意识、观念的内容来看,当代大学生的反映活动的确带有某种"反射"的特点。并且不是简单的反射论,而是建立在他们的实践生活上的能动的反映论。这种反映论的基本观点是：

首先,当代大学生对客观世界的反映在本质上并不是一种"反射"现象,而是主体和客体在实践活动基础上形成的精神关系,是对周围环境及自身的一种精神的把握和表现方式。其次,一般意义上的反映是一切物质普遍具有的特性,是事物之间相互联系、相互作用的表现和结果,无机界的反映仅仅表现为一物受到另一物的作用所作出的"印记"式的反映。人的反映不但以心理活动为基础,而且更以生产实践、社会交往、语言符号为基础,思维、意识、观念是人所特有的反映形式,因此,当代大学生的意识不是一般意义上的反映,而是一种主体的、普遍的、高级的、社会性的反映。最后,当代大学生的反映不是消极被动的反映,也不是盲目直观的复写,而是积极能动的反映。这主要表现在：

---

① 马克思恩格斯选集：第2卷［M］.北京：人民出版社,2012：217.
② 列宁选集：第2卷［M］.北京：人民出版社,1995：117.

当代大学生的反映是有目的、有意识、有选择的反映；当代大学生的反映不但指向外界客体，而且还能指向主体自身；当代大学生的反映不仅仅是为了适应环境，更是为了改造环境；当代大学生的反映不只是反映客体的表面现象，而且能反映客体的本质和规律，能超前地反映客体的未来发展趋势，能积极有效地指导大学生自己的行为活动；当代大学生不但反映现存的客观事物，而且还能发挥主观能动性，产生创新性的思维，自由的想象。总之，当代大学生的反映活动是能动的，是一种创造性的反映。人的反映的能动性决定了人的意识、观念也不是消极直观的。即使是对外界物质客体的意识，也是经过思维着的头脑有意识地改造过的。因此，当代大学生的意识、观念、反映具有明显的主观性特征，但这一特征是建立在客观存在的基础之上的，是一种不以主观意志为转移的客观内容。

第二，当代大学生意识的主观特征表现为它的反映形式有主观性。意识是由各种反映形式共同组成的完整体系，它包括感觉、知觉、表象等感性认识和概念、判断、推理等理性认识这两种基本的认识形式，还包括愿望、兴趣、情感、意志等非逻辑的认识形式。无论哪种形式，都是主观世界所特有的。但是，意识的主观形式并不是独立自在、空洞无物的。它们不仅有赖以存在的物质的生理基础，而且就其反映对象来说，感性形式是对事物外部现象的反映，理性形式是对事物内在本质的反映，情感和意志等则是对主体自身状况和需要的反映。无论是事物的现象和本质，还是人自身的存在和需要，都是客观的，实实在在存在着的。所以反映的形式虽然是主观的，但它的内容却是客观的。

第三，当代大学生思想意识的主观特征表现为不同主体的意识之间的差别性。常识告诉我们，同一客观对象在不同的人那里会有不同的反映，有的反映得比较快些、多些、深些、正确些，有的则相反。大学生在认识水平、反映能力和精神个性上诸如此类的差别，都使大学生的思想意识带有明显的主观的印记，那么，这种主观状态的不同是怎样造成的呢？大体说来，一是由于每一个大学生的成长经历、家庭教育、实际经验、知识水平等方面的不同；二是在于大学生自身生理素质的差异。无论哪种原因，或者是两种原因的结合，都可以用物质的过程（社会的和生物的）去说明。每一个大学生的个体意识差别虽然是主观的，但产生它的根源却是客观的。

二、当代大学生思想意识的基本结构

思想意识作为人类的活生生的精神世界，是一个相对独立的复杂的观念活动系统，有着丰富多样的形式和内容、错综复杂的层次和结构。没有对意识世界本身内部的复杂结构的基本了解，就不可能全面地把握意识的丰富本质和建立起完整而科学的意识论。意识是人类大脑反映和把握现实世界的心理活动和精神活动的总和。诸如感觉、知觉、表象、概念、判断、推理、体验以及社会的意识形态和精神文化生活等，都可以看作是人类意识世界的不同存在形式和不同表现内容。当然，意识世界的各种内容和形式并不是彼此分离、杂乱无章的，它们是相互联系着，并具有一定结构和功能的统一体。大学生的思想意识活动作为一个多水平、多层次、多向度的观念系统，对它的存在和活动的复杂结构可以从不同侧面进行剖析。在辩证唯物主义意识论看来，掌握意识世界的以下几个基本结构，具有特别重要的意义。

第一，由大学生思想意识中反映的对象形成的内容结构。

人们的意识和观念并不是凭空产生的，在本质上，它是现实活动着的人对包括自身在内的整个客观世界的能动反映，是人们掌握和处理自己同周围现实世界的关系的一种特殊的方式。因此，意识的内容是由客观世界以及人同外部世界的相互关系所直接规定的，而世界以及人同外部世界的相互关系在人的头脑中的反映，就是意识世界的最基本的对象结构。

意识所反映的客观对象的具体形态，可以划分为三大类型：自然客体以及人同自然之间的关系，社会客体以及人同人之间的关系，自我客体以及人同自身之间的关系。马克思、恩格斯在《德意志意识形态》一书的初稿中，曾经对人类意识观念的内容结构做过原则性的分类，现实活动着的人们"所产生的观念，或者是关于他们同自然界的关系的观念，或者是关于他们之间的关系的观念，或者是关于他们自身的状况的观念。显然，在这几种情况下，这些观念都是他们的现实关系和活动、他们的生产、他们的交往、他们的社会组织和政治组织有意识的表现，而不管这种表现是现实的还是虚幻的。"[①] 因此，人类的意识在内容结构上相应地就有自然的意识、社会的意识和自我的意识。自然的意识和社会的意识作为对主体之外的客观的对象世界的反映和内化的观念，又可合称为同主体的自我意识相对立的对象意识。意识的自然、社会和自我方面的内容是相互联系，彼此交融、有机统一的，因为在现实活动和生活中，作为主体的人同自然、社会以及自身的三个方面的关系并不是孤立地产生和存在的。没有人和自然、社会、自我这三个方面的关系的相互统一，人们也就不可能同任何一个方面产生现实的联系。总

[①] 马克思恩格斯. 费尔巴哈 [M]. 北京：人民出版社，1988：15.

之，就反映的对象和内容结构而言，人类的意识属于自然的意识、社会的意识和自我的意识的现实的统一。

第二，由意识反映的主客体关系内容形成的功能结构。

就其现实性而言，意识是在主体现实地改造周围客观世界的实践活动中产生和发展的，归根到底是为合理而有效地控制和改造客观世界的实践活动服务的。然而，人的实践活动的实质就在于，它"不仅使自然物发生形式变化，同时它还在自然物中融入自己的目的"[①]。这样，人的实践的能动过程以及由实践所创造出来的新客体，必然要体现客体和主体两个尺度。这两个尺度，一是客观对象本身的固有属性和发展规律，即对象的客体尺度；二是主体的目的、需要、能力等，即主体的内在尺度。这两种尺度的现实表现，就是主体和客体之间的认知关系和价值关系。人在意识中反映这两种关系，在实践中把它们统一起来，这种实践中的统一又反映到意识中，于是，就历史地积淀和内化为人们的功能意识结构。它主要包括三个方面：意识世界中的知识性结构，主要体现主体和客体之间的认知性关系，它是主体对外界客体的本质属性及其发展规律的如实反映和真实把握，主要回答和解决外界客体本身"是什么""是怎样"的真理性问题；意识世界的价值性结构，主要体现主体和客体之间的评价性关系，是主体依照自己的需要和内在尺度对外界客体所作出的评价、选择和取舍，它着重回答和解决主体对外界客体"要如何""应如何"的问题，也就是在价值的意义上实现客体的规律性和主体的目的性的观念统一；在主体对客体有了一定程度的规律性认知和价值性评价的基础上，就会形成一种具体地改变客体，实现自己目

---

① 马克思恩格斯全集：第23卷[M]．北京：人民出版社，1972：202.

标和理想的积极意向和行为设计，这就是意识世界中的实践性结构。它主要体现主体对客体的现实的、综合的把握，是主体对实践客体、实践活动过程及实践结果的超前性的观念建构，这是一种实践性意识，或说实践观念。

第三，由大学生意识活动的形式和水平形成的形式结构。

物质世界的复杂性和人类生活的多样性，决定了大学生意识活动能力和表现形态也是多水平、多层次的。从形式方面来考察，大学生意识的活动水平和表现形态，主要有以下几种类型。其一，理性意识与非理性意识。人的意识既包括理性的成分，也包括非理性的成分。意识是理性和非理性的统一。理性意识是指一种高度自觉的、理智化和逻辑化的意识活动及其产物。通过把感觉、知觉、表象不断上升为概念、判断、推理，并运用这些逻辑的思维形式进行思维活动，以及由此产生的系统化、体系化的思想、理论、观点和各种学说，最能体现理性思维和理性意识的特点。非理性意识是一种带有自发性的、不加反思的、以情感和意志等为其主要形式，较少逻辑性和严密性的意识活动及其状态。诸如直觉、顿悟、情感、情绪、灵感、信仰、习惯、兴趣、本能的欲望和反应等，通常都被称为非理性的意识活动。其二，显意识与潜意识。这是人类意识在自觉程度上表现出来的两种不同的存在状态，也是人类意识的两种不同活动方式。一般来说，潜意识（即通常说的下意识或无意识）归属于非理性意识，但显意识则既可以表现为理性意识，又可以表现为非理性意识。显意识是人们自觉的、可控的、用言辞表达的意识活动状态。但是，潜意识也是反映客观世界，特别是反映人自身的客观状态的一种不可缺少的形式，在人们的意识世界中占有重要的地位和作用。潜意识是未被主体自觉地意识到的心理活动、思维活动的总和，是一种不知不觉的内心的意识活动。其三，形象意识与抽象意识。形象意识和抽象意识是人类两种基本的意识活动能力和形式。形象意识是人脑借助于具体的形象而进行的活动，是主体运用直观的、感性的、生动的、整体的形象反映和掌握客观事物的意识活动过程。意识世界中以具象、映象图像、物象、景象等具体形象表现出来的意识，就是形象意识。抽象意识是人脑一种较高级的思维活动机能，它是主体运用语言和逻辑、分析和推理的思维活动形式透过事物的表层现象达到对事物的内在本质的认识。人类的意识活动只有借助科学的、逻辑的抽象思维方式，才能提取出客体内部的本质属性、相互关系和发展规律，从而比感性的形象意识更深刻，更完全地反映和掌握客体对象。抽象意识的本质特性，主要表现在它的间接性、概括性、深刻性和普遍性方面，正因为抽象意识和形象意识具有不同的特性和作用，决定了它们是人类意识结构中两种不可相互取代，而只能互为补充的意识活动的方式。人类意识除了以上几方面的结构外，还可以从别的角度划分出更多的结构和层次。例如，从意识活动内容的时序结构方面来考察，意识有先前意识、现存意识和未来意识之分；从意识活动和存在的主体结构来划分，则有个体意识、群体意识、社会意识和人类意识之分，等等。总而言之，大学生的意识是一个多水平、多层次、多结构的精神活动系统。

三、大学生意识领域的不断扩展

古往今来，人类意识始终处于历史的发展之中。可以说，人的意识世界是一个不断膨胀着的和无限扩展着的开放性的复杂系统，而不是一个静止的、一成不变的封闭系统。随着社会的发展变化，当代大学生意识世界的发展就其领域而言，主要表现在三个方面。第一，随着社会实践和科学技术的不断发展，大学生所认识到的事物越来越多，大学生掌握和控制事物的程度也越来越深，与此相应，大学生意识中所反映和掌握的对象世界无疑会越来越广泛。第二，随着哲学认识论、逻辑学、语言学、生理学、脑科学、各种心理学、认知科学等有关意识活动的学科的发展，以及大学生自我意识和自我调控能力的提高，大学生对心理、思维、意识活动本身的认识会不断地得到发展，意识活动的研究领域也会不断地得到开拓，意识活动的本质、特点、规律、机制、作用等理论也就不断地得到丰富和充实。这些属于反思性的意识即对意识的发展，是意识领域扩展的一个重要方面，它们反过来积极推动大学生意识活动本身的发展。第三，大学生意识活动方式的扩展和进步，这是大学生意识世界发展的最根本的内容和形式。而意识活动本身的扩展，主要表现在：当代大学生主体意识能力的提高，意识内容的充实和丰富，掌握世界的观念方式的发展和更新，意识活动和存在形式的多样化，意识性质的进步和结构的优化，意识和智能发展途径的扩大，意识和知识的广泛物化，意识活动的工具和手段（认识、思维工具）的进步，等等。当代大学生意识活动方式的发展，无疑是整个意识世界丰富和完善的最主要的标志。当然，意识世界上述领域的发展是相互联系和相互促进的。

第三节　当代大学生的思想特性和作用

　　意识的客观基础、内在本质和复杂结构表明，人类意识是在世世代代人类同周围世界的相互作用的过程中，为适应人们认识世界和改造世界的客观需要而产生和发展的。因此，在对当代大学生意识世界本身作了考察之后，还有必要从大学生思想意识与它周围世界的相互联系方面进一步探讨大学生思想意识的特点和作用，从而在更高的层次上全面地理解和把握当代大学生的思想行为规范。

一、当代大学生思想意识的基本特点

思想意识和实践之间的相关性说明实践性是人类意识的基本特点，然而，思想意识本身并不等于实践，相对于人的现实活动而言，思想意识还有它的一些特殊性。

第一，意识的相对独立性。人类思想意识不是封闭在人们头脑中的主观自生的活动，它始终依赖于意识的客观对象和物质的实践活动，并同周围的现实世界不可分割地交织在一起。但是，思想意识作为人在头脑中掌握世界和人自身的一种精神的、思维的、理论的活动，毕竟有着自己独特的本质规定。

客观存在的现实世界里，思想意识是一个同其他运动着的事物有着质的区别的独立发展着的活动系统。思想意识的相对独立性主要表现在：人类的意识活动是和物质的客观活动既相联系又相区别的精神的活动过程，主观性、观念性是它最直接的本质特性。它有着和其他事物不同的活动结构、机能和功能，有着独特的存在形式和表现方式，有着相对独立的发生和发展规律，有着独立的存在价值和意义，具有相对独立的自觉的能动作用，意识的自由性、意向性、预见性、创造性、超越性和反思性，更是意识活动相对独立性的重要表现。随着新媒体技术的发展，社会文明的进步和发展，社会思潮涌入当代大学生的视野之中，当代大学生面临着文化冲突、价值多元化、社会思潮融合冲突等问题，大学生由此形成了各种各样的思想意识特点，如大学生热衷于新事物、创新精神凸显、独立思考的能力强、个性意识感强等，这些都充分体现了意识活动的相对独立性。

马克思恩格斯指出，人类意识一开始是同周围可感知的环境和生活实践活动直接"纠缠"在一起的，由于社会分工的发展，"从物质劳动和精神劳动分离的时候起"，意识就有了更多的相对独立性，"从这时候起意识才能现实地想：它是和现存实践的意识不同的某种东西，它不用想象某种现实东西就能现实地想象某种东西。从那时候起，意识才能摆脱世界而去构造纯粹的理论、神学、哲学、道德，等等。"① 意识的相对独立性表明，客观存在着的现实世界，既是有机统一的，又是丰富多彩的。

第二，意识的个体主体性和社会历史性。意识的个体主体性和社会历史性及其统一，是人类意识活动存在和发展的又一个重要特点。就意识存在和发展的主体形态来看，它是通过个体主体和社会历史主体这两种基本形式体现出来的。意识的存在离不开具体社会和历史条件下的个人，而这种个人又都有自己独自的特点。马克思恩格斯认为，"全部人类历史的第一个前提无疑是有生命的个人的存在"。因此，"我们的出发点是从事实际活动的人"，我们的符合现实生活的观察方法是"从现实的、有生命的个人本身出发，把意识仅仅看作是他们的意识"。② 人类社会的历史不是处于个体之外，而是由世世代代从事实际活动的个人所组成的。社会意识的历史发展也是由无数过去、现在和将来的个体主体来实现的。因此，个体主体是人类意识的现实承担者，个体意识是人

---

① 马克思恩格斯. 费尔巴哈 [M]. 北京：人民出版社，1988：26.
② 马克思恩格斯. 费尔巴哈 [M]. 北京：人民出版社，1988：26.

类意识基础性的组成部分和存在形态,这样一来意识就具有了明显的个体的主体性。意识的个体主体性主要表现在两个方面。一是社会的、历史的意识以个体的形式存在,这是社会所有意识的个体化过程,即大学生在个体学习、了解和掌握社会历史意识的过程。二是个体特质在意识上的反映和表现,也就是体现个人特性的意识。例如,当代大学生展现的个人的需求和愿望、个人的观点和信念、个人的气质和情感、个人的爱好和志趣、个人的品格和情绪,等等。这两种意识的内在统一,构成了每个个体独特的内心世界和意识结构,从而表现出当代大学生思想意识的强烈的个体的主体性特点。但是,作为意识主体的个人,不是孤立存在的生物个体,而是有意识的社会存在物。马克思指出:"个人是社会存在物。因此,他的生命表现,即使不采取共同的、同其他人一起完成这种直接的生命表现形式,也是社会生活的表现和确证。"[1] 人之所以成为意识的现实主体,最主要是由于他是社会性的存在物,人的本质是社会关系的总和。任何现实存在的个人,总是处在一定的社会关系和历史条件下的个人。每个个人和每一代人都必然会遇到历史的现成的精神文化遗产,并且只有在继承这种社会历史的精神文化遗产的基础上,才能进行新的创造。"人已经存在,人,作为人类历史的经常前提,也是人类历史的经常的产物和结果,而人只有作为自己本身的产物和结果才成为前提。"[2] 任何时代的任何一种意识,既是以往历史时代的产物和再现,又是该时代的社会存在的反映和表现。人类意识无论以个人为主体还是以社会为主体,都具有鲜明的社会历史性。意识的社会历史性具有广泛的内容和丰富的表现形式,最主要的是:只有在社会实践和社

---

[1] 马克思恩格斯全集:第42卷 [M]. 北京:人民出版社,1982:122-123.
[2] 马克思恩格斯全集:第26卷 [M]. 北京:人民出版社,1975:545.

会生活交往中才能产生人的意识；意识总是反映和体现着一定时代的社会关系和社会存在，个体意识是社会意识的一部分并且总是打着社会的烙印；意识具有历史的继承性并通过传统文化世代相传；意识通过历史的沉淀成为一种民族心理；意识通过文学艺术、教育文化、法和道德以及学术理论等系统的、整体的形式直接表现为社会意识，意识通过团体、党派等各种社会组织而成为"共同体意识"；意识通过各种交往和传播媒介在各个民族和国家之间相互渗透、相互吸收和相互促进，等等。正确认识和理解意识的个体主体性和社会历史性的关系，对我们正确对待和处理个人与社会、历史文化的继承和发展、民族文化和外来文化等关系，都有不可忽视的指导意义。

人类意识世界也是这样，它既是过去历史运动的结果，又是新的历史运动的出发点。所以，就大学生个体方面讲，每个人首先只有学习、继承和掌握历史的、传统的和社会的意识，才有可能使自己成为有意识的主体和创造新的意识的主体。每个人都只有接受和内化社会的、历史的意识，才有可能形成富有个性的个人意识。正因为如此，当代大学生的思想意识才展现了无限多样的表现形式，具有这一时代的时代特色和民族特色，积累和扩展着当代的精神文化，督促着这一时代的人们在新的起点上进行新的精神文化的创造。

二、当代大学生思想意识的能动作用

意识的能动作用作为人类意识的重要特点之一，表明意识归根到底是为了适应人们认识世界和改造世界的客观需要才产生和发展的。意识如果不能在一定范围内满足这种需要，那它就失去了产生、存在和发展的根据。因此，考虑到意识的作用的重要性，应该认真地考察当代大学生思想意识的能动作用。

第一,物质的决定性和意识的能动性。物质的决定作用和意识的能动作用及其关系。马克思主义哲学首先坚持物质决定论,认为物质决定意识,不仅表现在意识的起源(意识是物质的产物)和意识的本质(意识是社会性的,是人脑的特殊机能,是客观存在的反映)上,而且也表现在意识的作用上。意识作用的产生,意识作用的大小,意识作用的发挥,一刻也离不开物质运动及其客观规律的决定因素,离开这个基本前提来谈论意识的能动作用,就会背离唯物主义的一元论而陷入唯心主义。马克思主义哲学同时又坚持意识的能动论,在唯物主义的基础上坚持辩证法,在肯定物质决定意识的前提下,又承认意识在人认识世界和改造世界的活动中的巨大能动作用。大学生的思想意识也是产生和形成于大学生的日常生活之中,他们学习和生活的实践推动了他们思想意识的形成,但是他们的思想意识同样指导着他们的实践生活,发挥着自身的主观能动性。

第二,意识能动性的表现。马克思主义哲学认为,意识从根本的意义上是物质所派生的,但它又能反作用于物质世界,而且这种作用有时是十分巨大的。毛泽东说,"一切事情是要人做的","做就必须先有人根据客观事实引出思想、道理、意见,提出计划、方针、政策、战略、战术,方能做得好,思想是主观的东西,做或行动是主观见之于客观的东西,思想和行动都是人类特殊的能动性,这种能动性,我们名之曰'自觉的能动性',能动性是人之所以区别于物的特点"。[①] 首先,意识的能动性表现为人的活动是有目的、有计划的创造性活动,实践着的社

---

① 毛泽东选集:第2卷[M].北京:人民出版社,1952:445.

会中的人是意识的主体。人们在反映客观对象时，总是基于实践的需要而带着一定的主观倾向和要求，抱有一定的动机和目的。人的活动总是根据已知的事实，首先在自己的头脑中形成行动所要达到的目标，构造加以实现的思想蓝图。马克思说：人在"劳动过程结束时得到的结果，在这个过程开始时就已经在劳动者的表象中存在着，即已经观念地存在着"①。人的活动的整个过程，就是围绕着"观念地存在着"的目标或蓝图进行的。为此，在意识中，不仅预先规定了活动的目标，而且为实现这一目标又预先规定了或多或少首尾一贯、相互协调的活动方式和步骤。这就是同一定的目的性相联系的活动的计划性。人的活动中所体现的这种目的性和计划性，是任何动物所不具有的。其次，意识活动的能动性还表现为意识活动本身就是一个主动的创造性过程，表现在对客观世界的改造上。人的意识的能动性不限于从实践中形成一定的思想，形成活动的目的、计划、方法等观念的东西，更重要的在于以这些观念的东西为指导，通过实践把"观念地存在着"的模型、蓝图实现出来，变成客观现实。这就是列宁所说的："世界不会满足人，人决心以自己的行动来改变世界。"②"人的意识不仅反映客观世界，并且创造客观世界。"③"改变世界"或"创造世界"，意味着人的积极活动不仅能强化客观世界的变化过程，而且能够创造出世界上所没有的东西。所有这一切，都凝结成具有"思维着的精神"的劳动人。意识对存在、主观对客观的这种创造性的作用，是任何其他动物所不可能具有的。意识的能动性还表现在对于人体生理活动的控制上。关于意识作为心理活动对人

---

① 马克思恩格斯全集：第23卷［M］. 北京：人民出版社，1972：202.
② 列宁全集：第38卷［M］. 北京：人民出版社，1986：229.
③ 列宁全集：第38卷［M］. 北京：人民出版社，1986：228.

体生理和病理活动的作用，人类早就有所认识。我国中医的理论和实践，在这方面有着独特的贡献，现代科学发展也提供了越来越多的证据证明，意识或心理因素能够引起或抵制人体生理和精神的疾病，对人的健康状况有重要影响。上述意识能动性的表现，只是人们目前所能够认识到的一部分，意识的能动作用潜力无穷。当代大学生作为国家的人才资源，他们多年学习积累的理论知识指引着他们在学习和工作的社会实践中发挥主观能动性，为社会发展和国家建设服务。随着实践和科学的发展，他们思想的主观能动性作用的潜力将会愈来愈充分地表现出来。

第三，实现意识能动作用的途径。人的意识是一种精神的、观念的力量，要使它得到实现，变为实在的物质力量，就不能只在意识本身的范围内兜圈子，而必须通过和借助物质的途径才能达到。首先，必须认识和遵从物质运动的客观规律，这是发挥意识能动作用的出发点，只有从客观实际出发，建立在客观规律基础上的思想或意识，才是正确的思想，才是我们所提倡的自觉能动性。人类由于意识的巨大能动性而使自己能够统治自然界。但是，"我们必须时时记住：我们统治自然界绝不像征服者统治异民族一样，绝不像站在自然界以外的人一样，相反地，我们连同我们的肉、血和头脑都是属于自然界，存在于自然界的。我们对自然界的整个统治，是因为我们比其他一切动物强，能够认识和正确运用自然规律。"[①] 对社会的改造，必须服从历史发展的客观必然性，而不能超越历史。任何人如果根本无视物质世界的客观存在及其固有的规律，他就不仅不能发挥自己意识的能动性，而且连一天也不能生存下去，注定要遭到客观规律的无情惩罚。当代人类社会所面临着的日趋恶

[①] 马克思恩格斯选集：第3卷[M].北京：人民出版社，2012：518.

化的生态危机、环境污染等"全球性问题",也充分说明了尊重客观规律,实现人和客观世界和谐统一的重要性。其次,意识的能动作用是通过实践来实现的。物质的世界只能通过物质的力量来改造。意识及其作用的实现过程,也就是意识自身的"物化"过程。意识的"物化"是双重的:把观念的东西化为频质的感性的活动,即化为实践;通过实践,使主观的东西见之于客观,使客观世界发生合目的的改变,以适应人类的需要。离开实践,纯粹的精神力量是任何事情也完成不了的。意识的能动作用的发挥,还依赖于一定的物质条件和物质手段,认识世界是如此,改造世界更是如此。人类对客观世界的认识程度,是同物质技术条件的发展水平密切联系着的。

由此可以得出结论:要正确地、充分地发挥意识的能动作用,就必须尊重客观规律,从现实的条件出发,同时也要发扬勇敢进取的精神意志,把高度的革命热情同严谨的科学态度结合起来。马克思主义者是"条件论"者,但不是"唯条件论"者,主张在尊重客观规律和客观条件的基础上,最大限度地充分发挥每个人的能动创造性。当代大学生生活和学习在当前全球化背景下多元文化的冲突之中,同时他们的三观正处于逐渐完善成熟的阶段,因此应当通过家庭、学校、社会等方面的引导使大学生形成积极向上的三观,然后充分发挥他们思想意识的主观能动性,使之在国家和社会建设中发挥重要作用。

第二章

当代大学生行为规范培育的思想溯源

毛泽东指出，马克思列宁主义的认识论是"以科学的社会实践为特征的"[①] 科学的认识论。辩证唯物主义认识论同唯心主义、形而上学唯物主义认识论的区别，不仅在于如何估价实践在认识论中的地位，而且在于能否对实践作出科学的规定。马克思主义在揭示实践概念时，同黑格尔一样是以主观和客观的辩证关系为轴心的。不过同黑格尔相反，马克思主义的实践观始终是建立在物质决定精神、客观决定主观的唯物主义基础之上的。当代大学生行为规范的培育同样是建立在大学生的实践生活基础之上的，因此，通过对人的实践的科学界定、概念、特征、形式的考察，才能更好地建构和培育当代大学生的行为规范。

[①] 毛泽东选集：第1卷 [M]．北京：人民出版社，1951：272．

第一节 实践的特点和形式

一、实践的科学概念

劳动实践使人成为意识的主体，使统一的物质世界分化为物质和精神两个对立的方面。同时，又是实践活动促使人们的主观意识反映客观的物质世界，并通过实践活动改造客观物质世界。就是说，实践既是产生物质和精神对立的基础，又是使对立双方联系起来、达到统一的唯一桥梁。

马克思说："环境的改变和人的活动的一致，只能被看作是并合理地理解为革命的实践。"① 列宁认为，主体和客体、精神和物质的"交错点就是人的和人类历史的实践"。毛泽东把实践简要地表述为"主观见之于客观的东西"②。这些都是从物质和精神、客观和主观的辩证关系中作出的关于实践概念的科学规定。形而上学唯物主义和唯心主义的实践概念之所以不科学，就在于它们割裂了主观和客观两个方面，前者忽视了主观的、能动的方面，后者脱离客观而抽象地发展了主观的、能动的方面。为了把握科学的实践概念，我们必须防止这两种片面性。作为主客观"交错点"的实践主要是变革现实的活动。那些不引起现实对象改变的、单纯的感知活动，例如看一看、听一听之类，通常并不算实践。但是，如果把这一点绝对化，就不全面了。黑格尔说过，"视觉

---

① 马克思恩格斯选集：第 1 卷 [M]．北京：人民出版社，1972：17．
② 毛泽东选集：第 2 卷 [M]．北京：人民出版社，1952：445．

器官和听觉器官是管认识活动的;我们对于所见到的和所听到的都让它保持本来的样子不动。嗅觉器官和味觉器官却已现出实践关系的萌芽,因为嗅只是嗅已经准备要去吃的东西,味觉也只用在吞嚼的时候"[1]。这段话是合理的。不过,我们还要进一步说,在视觉器官和听觉器官中也应看到实践的萌芽。不应当把"变革现实的活动"仅仅理解为直接引起客观对象的改变的过程,而应当把对于改变对象不可缺少的探索活动也估计在内。凡是以变革现实为目的、为变革现实而探索的"看"和"听",例如天文观察、地质考察、社会调查乃至军事侦察等,都是实践。在这方面,列宁关于"我们用来作为认识论的标准的实践应当也包括天文学上的观察、发现等的实践"[2]的论断,对我们是有启发意义的。

总之,人类有目的地能动地改造和探索现实世界的一切社会性的客观物质活动,就是马克思主义所理解的实践,也是当代大学生行为规范培育的最初起源。

二、实践的主要特征

实践存在于广泛领域的实践活动,又具有多方面的特征,只有掌握人的实践中最本质的特征,才能以此作为依据,找到大学生实践中所展现的特征,进而建构有效的培育路径。人的实践中最基本的是以下三种特性:客观性、能动性和社会历史性。

第一,实践是客观的活动。同唯心主义的实践观相反,马克思主义认识论首先把实践看作是一种客观的感性活动即能为人们感官直接或间

---

[1] 黑格尔. 美学:第1卷[M]. 朱光潜,译. 北京:北京大学出版社,2017:178.
[2] 列宁选集:第2卷[M]. 北京:人民出版社,1993:140.

接感知的物质活动。只有坚持这个基本观点，才能客观地说明人和人的社会生活，认识的产生和发展，真理的发展和真理的标准，才能彻底贯彻认识论的唯物主义。实践之所以是客观的活动，首先，在于构成实践的诸要素和前提，即实践的主体（人）、实践的对象（外在世界）和实践的手段（工具机器等），都是可感知的客观实在。其次，实践的后果即通常所说的"事实"，也是外在于人们的意识而客观存在的。最后，整个实践的水平、广度、深度和发展过程，都受着客观条件的制约和客观规律的支配。所以，无论从哪方面来说，实践都是同主观的认识活动相区别的客观活动。

第二，实践是能动的活动。实践不是一般的客观活动，而是一种同主观相联系的、主观见之于客观的客观活动；实践不是一般的感性活动，而是人的感性活动。动物的活动也是"客观"的、"感性"的活动，但它不是实践。原因就在于动物没有思想，没有"主观"。人不是一般的动物，而是具有主观世界即有思维、有理性的动物，是有主观能动性的动物。所以，对实践的范畴，在坚持客观性的前提下，又必须以能动性作为补充。坚持实践客观性的唯物主义如果不从人的主观方面、能动的方面去理解实践，就不能把人的实践和动物的生物性活动区分开来，就不能正确理解实践这种特殊的客观活动。实践的能动性表现为两个方面：一是通过实践能动地改造世界；二是通过实践能动地推动认识的产生和发展。这两个不同的方面是紧密联系、互相促进的。能动性不仅是实践的特点，而且是实践发展水平的标志之一，社会越发展，人的实践活动的自觉能动性也就越高。反过来说，也是一样。现代化的生产实践愈来愈要求每一个劳动者具有更多的关于自然和社会的知识、更强的理论思维能力和组织能力，并在实践过程中有高度集中的意志和注意力。也就是说，在实践自身的发展中，对实践者主观因素的要求越来越严格，要求实践者的主观状态能适合实践发展本身的客观需要。当然，具体实践活动的能动性总是有限的，它受到人们主观与客观相符合的程度的限制，也受到当时当地客观物质条件的限制。忽视这一点，任意夸大实践的能动性，宣扬"不怕办不到，只怕想不到""人有多大胆，地有多大产"等口号，就会犯唯意志论的错误，给我们的事业带来严重的损失。

第三，实践是社会的历史的活动。实践一开始就是社会的实践，是历史的发展着的实践。人的实践总是在一定的社会关系中的活动，并受着一定的社会历史条件的制约。如果离开了社会的联系、历史的联系，孤立地考察单个人的一时个别的活动，就不能真正地理解实践，理解实践的客观性和能动性。

实践之所以是客观的活动，一个重要的方面是指它总是被一定的社会历史的客观条件所制约；而这种社会历史的制约性，归根到底又决定着体现于实践中的主观能动性之大小和可能发挥的程度。实践关系并不是主观任意的、绝对自由的，实践的对象、范围、规模和方式，都是社会的历史的产物。在原始社会，人们的实践活动往往局限于一些狭小的共同体，如氏族、部落等的内部，至于这些共同体之间则来往甚少，关系也不密切，甚至几乎毫无关系。实践的发展，扩展和密切了人们之间的联系，形成了越来越大的人类的共同体，如民族、国家等，并逐渐使人类实践的社会联系超出了民族、国家的范围。到现代，历史的发展着的实践已把人类的社会联系扩展到全球的范围和全人类的规模，并使这种联系达到了日益密切的程度。如果今天还不摆脱小生产习惯势力的影响，在实践中闭关自守、故步自封，那就同现代实践发展的客观要求相背离了。实践的能动性是同实践的社会性密切联系并同时发展起来的。人们常说人是万物之灵,是一切生物中的最强者。可是有些生物学家却说人是一切生物中最软弱的生物,一个完全脱离了社会联系的生物的人,是无法活下去的,他完全无法像动物那样去适应自然。

实践的社会性并不意味着每一项实践活动在任何时候都是以社会集体的方式来进行的,以个人活动的方式进行的活动,也是社会实践。因为,这些实践活动都是在一定的社会关系中进行的,都取决于社会历史的需要和可能,并且要利用同代和前辈人在实践中所作的贡献。总之,实践是社会的,"社会生活在本质上是实践的"。[1]

三、实践的基本形式

随着社会分工的发展,社会实践的形式也越来越多样化、复杂化,概括起来,有三种基本形式。

第一种基本形式是处理人类社会和自然界的关系的活动,即生产实践。

人类社会的存在和发展一刻也离不开自然界。如果割断社会和自然界的联系,不从自然界夺取社会赖以存在和发展的物质和能量,社会就注定要灭亡。社会和人只有首先通过生产实践解决吃穿住行等物质生活资料问题才可能从事政治、科学、艺术等其他实践活动。其他种种实践活动也都是在生产实践发展的基础上所引起的社会分工的结果。溯本究源,生产活动是人和人类社会赖以产生、存在和发展的基础。因此,改造自然、征服自然的生产活动,是人类最基本的、决定其他一切活动的

---

[1] 马克思恩格斯选集:第1卷[M].北京:人民出版社,2012:18.

实践活动。人类在生产实践中变革自然,因而能够逐渐地了解自然的现象、自然的性质、自然的规律性、人和自然的关系。同时,生产一开始就是社会的生产,是在一定社会关系中的生产,因而经过生产人们也在不同程度上逐渐地认识了人和人的社会关系。所以,生产实践又是人类的认识及认识发展的基本来源。

第二种基本形式是处理社会内部人与人的关系的活动。

既然生产实践离不开一定的社会关系,总是在一定社会关系中发展的,那么同生产实践相伴而行,就必须维持和巩固那些适合生产发展的社会关系,调整或根本改变那些不适合生产发展的社会关系。因此,处理社会内部关系的活动也是人类的一项基本的实践活动,它被生产实践所决定,又反过来作用于生产实践。在阶级社会里,由于社会关系即人与人的关系主要是通过阶级关系表现出来的,因此,处理人与人关系的活动主要表现为阶级斗争。不过,并非一切社会关系都是阶级关系,除了阶级关系之外还有工作关系、亲属关系、朋友关系、师生关系、民族关系,等等。处理这些非阶级的社会关系的活动不是阶级斗争。劳动人民内部虽然还有阶级的差别,但他们之间不存在敌对的关系,处理这类关系的活动一般也不表现为阶级斗争。当然,阶级社会中的各种非阶级的关系是同阶级关系密切联系、相互交错的,处理各种非阶级的社会关系的活动也会或多或少受到阶级斗争的某种影响。因此,决不能忽视阶级社会中阶级斗争对人类认识发展的重大影响,但是不加分析地过分夸大这种影响也是错误的。在阶级斗争在人与人的关系中已不占主要地位的情况下,不适当地夸大阶级斗争的作用,把阶级斗争扩大化,更是十分错误和有害的。那种认为只有阶级斗争的实践才重要,其他处理人与人关系的实践活动都不值得重视的观点,是脱离实际生活发展的偏见。

事实上，人民内部在经济、政治、文化、思想以及个人生活中的许多社会矛盾，虽不具备阶级斗争性质，却具有非常复杂的内容，处理不好也会严重地干扰和破坏生产实践活动的正常进行和发展。至于到了彻底消灭了阶级的共产主义社会，一切社会关系都将不再带有阶级的性质，那时调整和变革社会关系的活动，自然就同阶级斗争根本无关了。认真研究这一类实践活动及其对认识社会的重大意义，是马克思主义认识论的迫切任务。

第三种基本形式是与前两种形式紧密相连并从中分化出来的探索性和准备性的活动，即科学实验。

科学实验作为一种独立的实践活动形式出现较晚，它是同近代科学的产生相联系的，但就其萌芽状态来说，它不仅同生产实践和处理社会关系的实践分不开，而且可以在动物的活动中找到它的萌芽。恩格斯说过："实验（在有新的阻碍和不熟悉的情况下），是我们和动物所共有的。"① 实验是一种尝试性、探索性和学习性的活动。人们为了办好一件从未办过的事，为避免鲁莽行事，带来坏的结果，常常要先试一试，这也就是试验或实验。实验是以认识世界为直接目的的活动，是为成功地改造世界而进行的一种提高实践的自觉性的探索性的活动。实验是实践的探索，探索的实践。凡是谨慎的人，都注重实验，在没有把握时，都得先"试一试"。因此，在生产实践和处理社会关系的实践中一开始就包含着，并且直到现在还不可避免地包含着实验的活动。

科学实验不同于一般性的实验活动，它是从一般性的实验活动发展而来的一种特殊的高级的实验活动。生产实践的发展推动了近代自然科

---

① 马克思恩格斯选集：第3卷［M］．北京：人民出版社，2012：545．

学、实验科学的产生和发展。世界上每一事物、每一现象都处在错综复杂的联系之中。为了科学地认识事物，必须科学地利用可以把认识对象从复杂联系中隔离出来，使它处于比较单纯的状态的理想环境的资源，如科学实验室及各种科学实验设备等。社会实践越发展，所要处理的新问题就越多、越广泛、越复杂，科学实验的必要性和作用也就越大，科学实验在整个社会实践中所处的地位也就越来越高。但是不管科学实验如何重要，它毕竟还是以认识为直接目的的实践活动，还要服从以改造世界为直接目的的生产实践和处理社会关系的实践的客观需要。科学实验同其他两种形式的社会实践，是互相联系、互相促进、共同发展的。

除以上三种基本形式之外，教育、医疗、艺术等客观活动，也都是社会实践总体中不可缺少的重要部分。把这些活动排斥在实践之外，斥责从事这些活动的工作者是"脱离实践的"，强迫他们脱离本行的专业实践，而去长期从事工农业生产的实践，是违背马克思主义实践观的。

第二节 实践是认识的基础

从关于社会实践的内容、特征和形式的分析中已经可看出，正是这些活动构成了认识的基础。在认识和实践的相互关系中，首先是实践对认识起着决定性作用，主要表现在以下几个方面。

一、认识对实践具有依赖性

意识作为人们在对象性活动基础上对客观世界的一种观念的反映方式，它对人的实践活动具有绝对的依赖性。人的生存和发展是以现实的对象性活动为前提的。离开了这种现实的活动，包括意识在内的整个人的生命存在都是不可能的。可以说人类的社会实践活动是意识世界更为深刻和完整的本质。只有把意识和实践活动等一切现实的对象性活动相联系，才能全面地揭示出当代大学生社会实践的性质。

马克思主义意识论引入了人的实践活动，从主体和客体、意识和物质的现实的、辩证统一的方面全面地规定和研究人的意识。马克思认为，主体对客体世界的对象性的实践活动，是人类意识产生和发展的基础，同时也是人类具有意识能力的自我确证。正是"实践创造对象世界，即改造无机界，证明了人是有意识的类存在物"。意识是人的头脑中的对象性关系和活动，它必定是以人的外部的物质的对象关系即实践为其现实基础和中介的。现实存在着的外界客体，首先是人们实践改造的对象。人同外界环境的关系，最直接的现实关系是实践性的关系。主体和客体之间的观念、理论关系是在满足人们物质需要的实践活动的基础上产生和发展起来的。马克思指出，人们绝不是先"处在这种对外界物的理论关系中"，而是通过现实的实践活动来取得一定的外界物，进而满足自己的生存需要的。正是由于这种现实活动过程的不断重复，这些能满足人们需要的外界物及其属性，才逐渐被人们的头脑牢记，人们也才由此学会从理论上把这些外界物同别的外界物区别开来。人的实践活动不但为意识提供了现实的对象和内容，而且也为意识提供了现实的主体。因为，人之所以成为现实的意识主体，是由于人们获得了一种与动物行为活动有着本质区别的新的适应周围环境的现实方式——对象性的实践方式。人们只有在改造对象世界的实践活动中，才能在实践和观念两个方面都成为与周围环境既对立又统一的活生生的主体。而且，在对象化的实践活动中，人不断地再生产着外部的对象世界，同时也不

34

断地再生产着全新主体即人自身。同时,实践的物质活动还为人们的意识活动提供了越来越广泛和重要的认识工具。因此,考察意识活动的实践本性是十分必要的。实践活动为意识的产生和发展所提供的现实客体、现实主体和现实工具,实际上是实践客体、实践主体和实践工具以及主体和客体之间的实践关系向人脑思维活动的内化。意识的结构和实践的结构存在着直接的相关性。这表明,实践活动直接规定着意识的本质和结构,并构成了意识产生和发展的根本动力。正如恩格斯指出的,人的意识是"人的思维的最本质和最切近的基础,正是人引起了自然界的变化,而不单独是自然界本身;人的智力是随着人逐渐学会改变自然界而发展的"。① 改造世界的对象性实践活动的过程,同时也是人的意识存在于活动的最基本、最直接的方式。就意识和大脑关系来讲,意识是人脑的机能;但从意识和实践活动关系来看,意识则是人们掌握外部世界和自身的一种现实的存在和活动方式,而且人的意识归根结底是为实践活动服务并在实践中接受检验的。从一定意义上讲,表现在对象性实践活动中以及凝结在这种活动产物中的意识,是一种外在化、现实化和物态化的意识,它们实际上是意识世界的重要组成部分和基本存在形式。因此,马克思指出:"人不仅像在意识中那样理智地复现自己,而且能动地、现实地复现自己,从而在他所创造的世界中直观自身。"② 人的意识也同样如此,它不仅存在于思维着的头脑之中,而且必然要通过主体的实践活动现实地、外在地表现出来。因此,人的意识活动和实践活动之间有着不可分割的内在联系,它们相互渗透、相互促进,既对立又统一。马克思指出实践是意识的一个重要因素、环节,而意识也是

---

① 马克思恩格斯全集:第23卷[M].北京:人民出版社,1972:202.
② 马克思恩格斯全集:第42卷[M].北京:人民出版社,1982:97.

实践的一个不可忽视的重要因素和内容。这就是说，实践性是人的意识活动的一个基本规定和特点，意识性也是人的实践活动的基本特性之一。意识离不开实践，实践也离不开意识。人的实践活动和动物活动的根本区别之一，在于人的实践是"自由自觉的活动"，人能够把自己的生命活动和实践活动本身作为自己的意志和意识的汇总，正是这种"有意识的生命活动把人同动物的生命活动直接区别开来了"①，对人来说，从实践目的到实践结果的整个现实的实践过程，始终都渗透着意识的、观念的东西，体现着人们的精神力量和理性的智慧，实现着意识的能动的创造性。实践活动是人的需要、知识、意志等的主体本质力量的现实化，即物化的过程。因此，人的实践活动及其产物，是主体即人的本质力量的"对象性的存在，是一本打开了的关于人的本质力量的书，是摆在我们面前的人的心理学"②。

总之，如同离开人的实践就无法正确理解人的意识一样，离开了人的意识，人们的实践活动也同样不可能得到正确的理解和把握。当代大学生面临着当前社会主义市场经济的深入转型，多媒体人的意识和人的实践的内在统一性建立在主体和客体之间物质性关系的基础之上。

二、认识产生于实践的需要

劳动实践创造了人和人的认识，认识产生于实践的需要。客观事物由于实践的需要才进入认识的领域，成为认识的对象。科学研究的任务、科学工作的课题，是根据实践的需要提出的。世界上的客观事物种类万千，但并不是任何事物都同时地或同等重要地成为人们所要关注和

---

① 马克思恩格斯全集：第42卷 [M]. 北京：人民出版社，1982：96.
② 马克思恩格斯全集：第23卷 [M]. 北京：人民出版社，1972：127.

认识的对象。古代人们的认识、古代的科学，首先取决于当时的农业生产和手工业生产的需要，也在相当程度上受统治阶级的需要特别是战争的需要所制约。古代的天文学、力学、数学就是这样发展起来的。修建水利灌溉工程、帝王宫殿和坟墓、神庙和教堂、城堡和战舰，是古代人们所进行的规模较大的实践活动。这些活动提出的问题，构成了古代力学和数学的主要研究内容。17、18世纪自然科学的兴起，取决于当时生产技术蓬勃发展的要求。航海特别是远洋航海需要根据天体的位置精确地确定经纬度，矿井抽水需要尽可能提高抽水扬程，战争中枪炮的制造和使用需要计算弹道和落点，水磨、钟表的广泛应用需要弄清力的传递、摩擦的影响和运动的周期……近代力学，归根到底是为了解决这些实际问题而发展起来的。实际需要刺激了科学的发展，科学从实际需要中产生出来。恩格斯在谈到欧洲文艺复兴时期自然科学的迅速发展时指出："资产阶级为了发展它的工业生产，需要探察自然物体的物理特性和自然力的活动方式的科学。"

近代和现代的科学研究有较大的相对独立性，它们探索的课题有时并不直接来自实践的需要，而有所谓"纯理论项目"的研究。然而，就是在这种研究中人们仍然重视所取得的成果及其产生的实际意义。至于人们最关心的多数项目，主要还是由生产斗争和阶级斗争等实践需要所决定的，只不过其中有的是近期需要，有的是长远需要。恩格斯说："社会一旦有技术上的需要，则这种需要就会比十所大学更能把科学推向前进。"这个观点对现代科学的发展仍然适用。科学家和理论家的"求知欲""好奇心""科学兴趣""理论兴趣"等，显然对科学的发展起着一定的推动作用。但是，心理的因素终究是第二性的，这些因素不是天上掉下来的或人们头脑里固有的。单纯用认识领域内的东西来解释认识发展的动因，并不能说明客观世界是一个完整复杂又有着自身固有规律的系统。实践产生了认识的需要，也产生了认识自身不断完善化的需要，要求认识具备完整性、系统性和严密的逻辑性。科学家的"求知欲""好奇心""理论兴趣"等，是适应实践和认识发展的需要而产生的。当然，全部科学，包括最抽象的数学，都是以实践的需要为动力的。

总之，认识是由实践的需要所引起的，只有实践才是认识发展的直接的、现实的动力。

三、实践提供了认识的可能

客观事物由于实践才暴露它的现象和本质，认识的任务只有在实践中才能得到解决。实践不仅产生了认识的需要，而且提供了认识发展的可能性和实现这种可能的必要条件。只有实践，才是认识的基本途径。人们只有在实践中才能产生认识，才能对研究的对象由不知到知、由少知到多知、由片面的知到比较全面的知。

人类的认识史证明，实践提出的问题只有依靠和通过实践才能解决。对于自然科学的发展来说，生产实践不是只发考题的主考官，它既提问，又为问题的解决提供物质的保证——经验资料，近代以来的生产还为科学研究提供实验仪器和工具。恩格斯在论及近代科学兴起的历史时指出"从十字军远征以来，工业有了巨大的发展"，"不但提供了大量可供观察的材料，而且自身也提供了和已往完全不同的实验手段，并使新的工具的制造成为可能。可以说，建立真正的系统的实验科学，这时候才第一次成为可能。"实验手段的应用大大提高了人类的认识能力。早期的实验手段主要是观察或观测的用具，如天平、温度计、气压计、流量计、经纬仪、望远镜、显微镜等,那时能够变革对象的实验用具(例如抽气机、烧瓶)数量还不多,也比较简陋。然而,这些用具毕竟已是专门用于探索研究和获取知识的手段。所有这些实验手段都是生产实践的产物,是工业发展"赐予"科学实验的珍品。现代工业则把更加强大的物质力量贡献给科学,使人们能在空前的广度和深度上认识世界。现代化的观测手段,如射电望远镜、电子显微镜、光谱分析仪、示波器、雷达、声呐、激光测示仪以及可进行遥感的人造卫星和宇宙探测器等,其作用已远远超过了人们曾幻想的千里眼、顺风耳。用这些手段武装起来的现代科学,不仅可以在地上看天,看到百亿光年以外的遥远天体;还可以到天体上面在天上看地,感知地球上人迹未至的角落。现代工业还给科学探索提供了能变革对象的各种实验条件和实验设备,这对认识自然规律有更重要的意义。培根曾提到人要用技术向自然界挑衅,强迫自然界回答人所提出的问题。我们今天有了超高温、超低温、超高压、超真空等实验条件,有了巨大的回旋加速器、粒子对撞机等,真正做到了这一点。

实践为认识世界提供了物质手段,但有了这些手段并不等于已经进行了研究并获得了知识。实践对认识的作用还在于,只有通过实践才能把认识事物的可能性变为现实。也就是说,人们只有实际地去进行探索和改造世界的活动,并依靠这种活动,才能接触并深入被研究的对象,感知其现象,进而揭示其本质。实践对认识的主要作用,在于变革对象从而了解对象。在变革现实中认识现实,这是实践的观点,也是辩证的观点。认识现实,就是要如实地反映对象的本来面目;而变革现实,则改变了对象的本来面目。人们正是经过改变对象的本来面目来达到反映对象的本来面目的目的,这也是认识过程中的对立统一。我们为了认识原子而进行的物理学和化学实验，或是把原子中的电子拉了出来，或是把电子加到原子里去，或是把原子核分裂开来，总之是把原子变革了，使它不再是本来的原子而成为离子或其他的元素。正由于做到了这点，人们才真正认识了原子。革命阶级对反革命阶级的认识也是"不打不相识"，也是在变革对手中认识对手的。革命者正是在同敌人的较量中才能真正了解不能轻敌，认识到反动派是有力量的、残暴的；同时又在这种较量中真正懂得敌人可以被打败，认识到反动派在本质上是虚弱的纸老虎。人们在变革现实的实践中认识客观世界，也在这种实践中认识了自己，认识了自己的才能和心理。黑格尔说："人还通过实践的活动来达到为自己（认识自己），因为人有一种冲动，要在直接呈现于他面前的外在事物之中实现自己，而且就在这实践过程中认识自己。人通过改变外在事物来达到这个目的，在这些外在事物上面刻下自己内心生活的烙印，而且发现自己的性格在这些外在事物中复现了。"

实践是知识的源泉，实践出真知，这并不排斥人的认识有其相对独立性。实践是知识的源泉，实践出真知，也并不排斥学习间接经验的必要性。就一个人的知识来说，多数还是间接性的经验，是从读书和传授中得来的。如果事事都要依据直接经验，不仅不必要，而且不可能。贬低书本知识，轻视教育工作，拒绝向前人的经验学习，排斥外域的科学成就，是非常愚蠢的。然而，向书本学习与在实践中学习，间接经验与直接经验又是密切联系的。在我们这里是间接经验，在前人和他人那里则是直接经验；在我们这里是直接经验，对后人或他人则成了间接经验。间接经验归根到底也发源于实践，而且，人们在接受间接经验的时候还或多或少地要以某种直接经验为前提，人们已有的直接经验会影响到对间接经验的理解。

综上所述,实践促进了认识的产生,实践推动着认识的发展。还有,认识本身并不是目的,它既产生于实践的需要,就必须回到实践中去并满足实践的需要,只有实践才是认识的最终目的和最后归宿。同时,实践需要的是正确的认识,然而认识不可能检验它自身的正确性,只有实践才能提供检验的可能并实现这种检验。所有这些都说明,实践是认识的基础,认识一步也离不开社会实践。

第三节 实践中认识的辩证运动

认识的辩证运动,是实践和认识对立统一关系的具体的历史的展开。关于认识的发展过程,列宁作出了这样的概括:"从生动的直观到抽象的思维,再从抽象的思维到实践,这就是认识真理、认识客观实在的辩证的途径。"① 毛泽东进一步阐发了在实践基础上,由感性认识到理性认识又由理性认识到实践的能动的飞跃,实践、认识、再实践、再认识,循环往复以至无穷的辩证发展过程。

一、感性认识与理性认识的基本概述

辩证的认识运动,首先是实践到认识的过程。在这个过程中,认识采取了感性认识和理性认识两种形式,经历这两个阶段而实现了由前者到后者的能动的飞跃。关于认识的感性形式和理性形式,毛泽东说:"一切比较完全的知识都是由两个阶段构成的:第一阶段是感性知识,

---

① 列宁全集:第38卷[M].北京:人民出版社,1986:181.

第二阶段是理性知识,理性知识是感性知识的高级发展阶段。"人们通常说的经验知识基本上属于感性认识,理论知识大体上相当于理性认识。这两种形式的知识或认识,都不是主观自生的,而是对客观世界的反映,是社会实践的产物。

感性认识是人们的感觉器官直接感受到的关于事物的现象、事物的各个方面、事物的外部联系的认识。它以直接感受性为特点,以事物的现象为内容。这是认识的第一阶段、初级阶段。感性认识包括相互联系、依次发展的三种形式:感觉、知觉和表象(观念)。感觉是在实践基础上反映客观事物的开始,是意识对外部世界的直接反映。感觉是人的大脑通过眼、耳、鼻、舌、身等感觉器官与客观事物发生联系而直接产生的,是意识和外部世界的直接联系。只要割断了这一联系,大脑就无法反映客观存在,也就不会产生意识。感觉所反映的是事物的个别特性。知觉是较感觉高一级的感性认识形式。知觉是在大脑中把有关事物的各种感觉集中在一起,组合起来,形成反映该事物各方面特性的整体的感性形象。知觉就是感觉的集合。知觉高于感觉,但它同感觉一样,也是对客观事物的具体形象的直接反映,仍然属于感性认识的反映形式。表象是感性认识的更高形式。表象是大脑对过去的感觉和知觉的回忆,是曾经作用于感官的那些客观对象的形象的再现。感觉、知觉和表象这三种形式的感性认识,都同实践直接联系,一点也离不开实践。其原因有以下几点。第一,人们只有在实践中使自己的肉体感官同客观对象相接触,才能获得关于事物各个特性的感觉,并在这个基础上形成关于事物各个特性结合在一起的完整形象,产生知觉;并使知觉形象保留在认识中,形成表象。如果闭目塞听,与外界隔绝,上述各种形式的认识都是不可能的。第二,人们的感受器官和感受能力,也是在实践中发展起来的。例如，人的感受器官的敏锐程度个别地说来往往不如某些动物，但是人的感受能力从总的水平来说却是任何其他动物所不能比拟的。恩格斯说得好："鹰比人看得远得多，但是人的眼睛识别东西却远胜于鹰。狗比人具有更敏锐的嗅觉，但是它不能辨别在人看来是各种东西的特定标志的气味的百分之一。至于触觉（猿类刚刚有一点儿最粗糙的萌芽），只是由于劳动才随着人手本身的形成而形成。"① 感觉是如此，知觉和表象也莫不如此。每个人的感觉、知觉和表象，以及人和人之间的感受能力的差异，都受各自的具体的实践所制约。第三，由于在实践中的长期锻炼，人能够主动支配自己的感性活动，自己把握自己的心理活动，在表象中进行创造性的想象。一般高等动物也能把不同场合的感觉汇集起来，具有简单的感性综合能力。但这和人的感性综合能力有根本的区别。人在感性认识阶段不仅能把孤立的、零碎的、杂乱无章的感觉联结起来（直观的综合），不仅能再现过去的感觉（记忆的综合），还能进行创造性的构想（想象的综合）。人之所以具有感性想象、构造观念的能力，归根到底是由社会实践决定的，是人们在改造世界的长期实践中不断解剖和联系现实事物而锻炼出来的。但是，人们的认识由感觉到知觉再到表象，由个别的特性到完整的形象，由当前直接的感受到印象的保留和事后的回忆，仍然没有超出现象的、表面的、直接的认识阶段。就是说，相对于认识的理性阶段，它们仍然在量的变化阶段。只有当人们在实践中引起感觉和印象的东西的多次反复，在人们的脑子里积累了一定数量的感性材料的基础上，才会发生认识过程的质变，即飞跃，产生概念，进到理性认识。

---

① 马克思恩格斯选集：第3卷［M］．北京：人民出版社，2012：512．

理性认识是人们借助抽象思维所把握到的关于事物的本质、事物的全体、事物的内部联系的认识。它以抽象性、间接性为特点，以事物的本质为内容。这是认识的第二阶段、高级阶段。理性认识包括概念、判断、推理等形式。概念是对于同类事物的共同的、一般的特性的反映。概念是从感性认识所提供的关于事物的各种属性和具体形象中，抽象概括出共同的本质而形成的认识，是概括起来的观念。判断是对事物之间的联系和关系的反映，是对事物是什么或不是什么、是否具有某种属性等的判明或断定。它在逻辑形式上，表现为概念之间的一定的联系或关系。推理是从事物的联系或关系中由已知合乎规律地推出未知的反映形式。它的逻辑形式，是以判断之间的一定的联系或关系来表达的。从概念到判断再到推理，是理性认识由低级到高级的发展，它们之间有着明显的区别和先后的次序。但是，它们又是彼此联系的。概念是思维的细胞，它是构成判断，从而进一步构成推理的不可缺少的因子；同时，概念又通过判断来规定，并依靠推理来形成思维形式，离开它们思维形式是不可能形成的。

各种形式的理性认识，"超脱"了关于客观事物的具体的、生动的、直观的形象，使它能够揭示现象背后的本质和内部联系。这就使得理性认识对于客观对象的反映具有间接性（以感性认识为中介）和相对独立性。但是，决不能把这种间接性和独立性绝对化，也决不能把思维同被思维着的客体绝对地对立起来，把认识和认识的内容截然地分割开来。理性认识不管多么抽象，归根到底都是对一定客体的正确或歪曲的反映，在客观世界中都有它的原型。客观世界的各种事物，一方面千差万别，另一方面又具有共同的属性，这种客观存在着的共同的东西，就是概念的原型。客观世界的各种事物，一方面互相区别，另一方面又存在着内在的联系或关系，这种客观存在着的联系或关系，就是判断的原型。客观世界的各种事物，都有一个发展过程，不同过程之间存在着一定的联系，并在一定条件下互相过渡或推移，这种客观存在的各个过程间的推移，就是推理的原型。客观事物和过程的本质、关系和推移，又是相互联系的，所以，反映它们的各种理性认识的形式也是不可分割的。理性认识不仅表现为个别概念和个别判断的形成，而且还包括由概念判断和推理所组成的完整的理论体系。换句话说，理性认识具有从思维的抽象上升到思维的具体，从而在思维中再现现实的特点。

从以上的叙述中可以看到，无论从内容上还是从形式上来说，感性认识和理性认识都有质的不同。在内容上，感性认识的对象是事物的现象，理性认识的对象是事物的本质；在形式上，感性认识是人脑凭借感官，以感觉、知觉和表象等具体形象的思维形式直接反映事物，理性认识则是人脑在感性材料的基础上以概念、判断和推理等抽象思维的形式反映事物。然而，感性认识和理性认识这两个对立的方面又是辩证统一的。

二、感性认识和理性认识的辩证关系

感性认识和理性认识的辩证关系主要可以概括为：感性认识有待于深化、发展为理性认识，理性认识依赖于感性认识，感性认识和理性认识是相互渗透的。

首先，感性认识有待于深化、发展为理性认识。认识起源于感觉，感性认识是认识的第一阶段。但是，如果把感性认识绝对化，无限夸大它的作用，就会犯经验主义的错误。哲学史上的经验论就是这样。辩证唯物主义认为，感性认识是认识过程的起点，但它还不是完全的认识，必须把感性认识发展为理性认识，才是比较完全的认识。毛泽东说："认识有待于深化，认识的感性阶段有待于发展到理性阶段——这就是认识论的辩证法。"① 坚持认识论中的辩证法，就要既看到感性认识的重要性，又看到它的局限性。感性认识毕竟是对事物的表面的、片面的和外部的认识，即使它数量再多、内容再生动丰富，也还是停留在事物的外部印象上，还不能认识到事物的本质和规律。所以，辩证法要求，必须把感性认识看作有待进一步发展和提高的东西，看作认识过程的一个环节，而不能把它凝固化，看成是认识过程的完成。

人的认识不能满足于感性的阶段，认识的真正任务在于经过感性认识而到达理性思维。认识的最终目的，是变革现实，改造客观世界。单凭感性认识还不能指导实践，起不了认识为实践服务的作用，不能达到自觉改造世界的目的。为达此目的，就必须实现从感性认识上升为理性认识的任务。否则认识本身就变成无目的的东西，就陷入了盲目性。每个人的认识以至全部科学发展史都说明，认识只有由感性阶段上升到理性阶段，把握客观规律性，才有可能按客观规律性办事，对实践活动起到积极的推动作用。从感性认识到达理性认识，是认识过程的质变，是认识进到了高一级的程度。过去人们凭感觉，认为"物质"是看得见、摸得着的物体，如金、木、水、火、土之类，它反映的仅仅是部分而不是全体，仅仅是现象而不是本质。当我们认识到物质是不依赖于人的意识并且为人的意识所反映的客观实在时，这就不仅概括了宏观世界和微观世界的各种物质现象，而且揭示了各种物质现象的本质特性，即客观实在性。表面看来，"物质"这个概念似乎离开了我们的感官所直接感

---

① 毛泽东选集：第1卷[M].北京：人民出版社，1951：267.

觉到的具体的物质形态,似乎离事物的客观真理越来越远,实际上,它却反映了物质现象的全体,反映了物质现象的本质,因而更接近客观真理,更完全,更可靠。列宁说:"物质的抽象、自然规律的抽象、价值的抽象等科学的(正确的、郑重的,不是荒唐的)抽象,都更深刻、更正确、更完全地反映着自然。"由感性认识而来的理性认识,反过来又促进着感性认识的发展。毛泽东说:"我们的实践证明:感觉到了的东西,我们不能立刻理解它,只有理解了的东西才能更深刻地感觉它。"我们很容易感觉到一个人的脉搏,但是我们不能立刻理解它,也不容易感觉到脉搏的变化,而那些精通脉理的医生却能敏锐地、清晰地感觉到一个人脉搏的各种各样细微的变化,并由此对病情作出准确的诊断。每个人在自身经历中都会发现,任何一个对象,只有当人们理解了它以后,才能比较容易、比较清晰地感觉这个对象的各方面的特点和变化。理解得愈深刻,感觉就愈锐敏、愈准确。

其次,理性认识依赖于感性认识。辩证唯物主义认为,感性认识是认识过程的起点,是达到理性认识的必经阶段。没有感性认识,就没有理性认识。毛泽东说:"从认识过程的秩序说来,感觉经验是第一的东西,我们强调社会实践在认识过程中的意义,就在于只有社会实践才能使人的认识开始发生,开始从客观外界得到感觉经验。一个闭目塞听、同客观外界根本绝缘的人,是无所谓认识的。认识开始于经验是认识论的唯物论。"理性认识对感性认识的依赖,是认识对实践的依赖在认识发展过程中的重要表现。感性认识同理性认识相比较,同实践有更直接的关系。感性认识就是人在亲身实践中获得的直接经验。实践是认识的基础,一切真知都是从实践中取得、从直接经验中发源的。离开从实践中获得的感觉经验,理性的认识就成了无源之水、无本之木,只能是主观自生的、靠不住的东西。理性认识对感性认识的依赖，除了可以从认识对实践的依赖上来理解外，还可以从感性认识和理性认识的内容所决定的认识顺序上去理解。事物的现象是感性认识的内容，事物的本质是理性认识的内容。人们认识事物总是经历由现象到本质的过程，人们只有积累了一定数量的感性材料，首先把握住一个个事物的现象，继而用科学的抽象思维，才能透过现象抓住本质，从大量个别的事物中发现普遍的一般的规律性。

总之，无论从哪方面来说，理性认识都离不开感性认识。要坚持唯物主义的认识路线，首先就得承认理性认识对感性认识的依赖性。如果以为理性认识可以完全离开感性认识，就会导致唯心主义。

最后，感性认识和理性认识是相互渗透的。感性认识和理性认识的统一，不仅表现为它们的相互依赖和相互转化，而且表现为它们的相互渗透。在人的认识中，感性认识和理性认识总是相互胶着在一起，你中有我，我中有你，没有绝对分明的界线。一方面，感性中有理性。人的感觉与其他动物的感觉的根本区别就在于，人的感觉是包含着理性的感觉，是在理性指导下的感性。前面所举的人和鹰的视觉的比较、人和狗的嗅觉的比较，既说明了人的感觉对实践的依赖，也说明了在人的感性认识中渗透了理性认识。另一方面，理性中有感性。理性认识不仅以感性的材料为基础，而且以具有一定声响或文字符号等感性形式的语言作为自己的物质外衣和表达手段。离开感性的纯粹理性，正如离开理性的纯粹感性一样，在现实的人的认识中实际上是不存在的。人们只能根据感性认识和理性认识各自的特点，指出某些认识侧重于感性的方面，某些认识侧重于理性的方面，并把它们加以区分。要把二者从现实的认识中截然分开，是没有必要也是不可能的。感性认识和理性认识的相互渗透，在"经验"这个概念中表现得十分明显。我们通常说的感性经验，并不是严格意义上的感性经验。实际上经验中总是带有理性的成分，是感性和理性的综合。在科学知识中，通常区分为经验科学（实验科学）和理论科学（纯科学）。经验科学偏重于处理感性经验材料，理论科学侧重于抽象的理论思维。这二者的区分也是相对的，它们之间并没有绝对分明的界限。

一方面，经验科学离不开理论思维，总是渗透着理论思维。科学实验和科学观测以及由此得来的观察材料、实验数据、有关的经验描述，等等，一般都属于经验科学，但它们都是在理性知识的指导下进行的；而对观测和实验的感性材料的整理和说明，对观测和实验结果的分析，也必然有理论思维和逻辑的推导。也就是说，经验科学是在理论思维指导下的以实验和观测等感性活动为主的科学，在感性中有理性，在经验中有思维。如果认为在感性认识阶段只能有感觉、知觉和表象，而不能也不允许有理性的因素，实验和观测就会变得盲目，这样得来的经验也只能是肤浅和混沌的。另一方面，理论科学也离不开经验科学，理性思维中渗透着感性经验。经验科学离不开理性思维，这一点几乎没有人怀疑；但是，不少人却认为摆脱感性经验的纯粹理性思维的科学是可能的，数学往往就被看作是这样的科学。有的人特别是一些数学家，把数学奉为科学的皇后，而数论是这一纯粹数学思维的最错综复杂的产物，又被看作是"纯粹之王冠"。实际上，就连这门最纯粹的科学，也可以称之为经验科学，甚至可以称之为实验科学。因为，许多数论上的定理，开始都是凭经验作为假设提出的。

总之，离开感性的纯粹理性，正如离开理性的纯粹感性一样，在人们的实际认识过程中是不存在的。经验论和唯理论的错误，正在于它们把感性认识和理性认识形而上学地割裂开来、对立起来，孤立地、片面地理解它们在认识中的地位、作用和相互关系。这种形而上学的片面性思想认识，妨碍着一些哲学家把自己的唯物主义反映论原则贯彻到底，而一旦把认识过程的一个片段夸大为绝对，就会从根本上颠倒思维和存在、主观和客观的关系，陷入唯心主义。

辩证唯物主义认识论不仅说明了由感性认识上升为理性认识的重要性，而且指出了如何才能实现从感性到理性的飞跃，以及这一飞跃的基础、条件和方法。人们的认识由感性上升为理性，其成果就是形成概念、判断和推理的理论体系。我们看到，从感性认识到理性认识的发展是一次能动的飞跃。这个飞跃不是消极的、机械的和自然而然实现的，而是一个能动的过程，是人的自觉能动性的表现。为了实现这一飞跃，必须勇于实践，勤于思索，不断地提高理论思维的能力，采取科学的思维方法。要完成对一个具体事物的认识过程，还需要由理性认识再回到实践，实现认识过程的又一次也是更重要的能动的飞跃。由理性认识向实践飞跃之所以必要，首先在于这次飞跃，可以使认识物化成对象化，即把理论运用于实践，用理论指导改造世界的实践活动，从而使认识变为现实，使精神力量化为物质力量。另外，由理性认识到实践的飞跃，也是实践本身的要求。理论服务于实践和实践要求理论指导，这是同一个问题的两个方面。强调理论必须向实践飞跃，这本身就包含了对理论指导作用的重视。理性认识向实践飞跃之所以必须，还因为由实践得来的理论究竟是否正确，必须再回到实践中去检验，使它得到修正、补充、丰富和发展。由实践到认识，再由认识到实践，如此"实践、认识、再实践、再认识,这种形式,循环往复以至无穷"①。一步步地深化和提高,这就是认识发展的全过程。人们对事物的认识过程,由于主客观条件的限制,总是要经历在实践的基础上,由感性认识到理性认识,再由理性认识到实践的多次反复才能完成。

三、认识和实践的具体的历史的统一

"实践、认识、再实践、再认识……"体现了主观和客观、认识和实践的具体的历史的统一。

主观和客观的矛盾,是认识过程的基本矛盾。这一矛盾,是在实践的基础上产生的,又在实践中得到解决。认识是主观反映客观,实践使主观见之于客观。在认识和实践这一对矛盾中,主观和客观的矛盾具体化、深刻化了。认识过程中的其他矛盾,如感性和理性、粗和精、伪和真、此和彼、表和里、抽象和具体、相对和绝对等,都是主观和客观、认识和实践的矛盾在某一个侧面的表现。认识的运动过程,就是主观和客观、认识和实践的矛盾发展过程,就是主观和客观这样矛盾着的对立面既对立又统一及相互转化的过程,就是这一矛盾不断产生又不断解决、不断解决又不断产生的过程。在"实践、认识、再实践、再认识……"的无限反复的矛盾运动中,实践和认识在不同的发展过程及不同的发展阶段上,既有一致性、继承性,又有新的内容、特点和形式,既有同一性,又有差别性。主观和客观、认识和实践的具体的历史的统一就是在这个过程中实现的。

认识的任务就在于不断地克服主观和客观、认识和实践之间的矛

---

① 毛泽东选集:第1卷 [M]. 北京:人民出版社,1991:273.

盾，求得它们之间的具体的历史的统一。这个统一应是具体的而不是抽象的，就是说，主观认识要同一定时间、地点、条件下的客观实践相符合；这个统一又应是历史的而不是一成不变的，就是说，主观认识要同特定历史发展阶段的客观实践相符合。客观实践是具体的历史的，主观认识也应当是具体的历史的。当事物的具体过程已经向前推移，转变到另一具体过程的时候，主观认识就应当随之转变，如果主观认识仍然停留在原来的阶段上，就脱离了客观实践的具体的历史的特点，思想落后于实际，就会犯右的保守主义错误。当事物的具体过程尚未结束，原有的矛盾尚未得到充分的暴露和展开，向另一具体过程推移转变的条件还不具备的时候，如果人们硬要把这一具体过程推移到新的具体过程，把将来才能做的事情勉强拿到现在来做，企图超越现阶段，这同样脱离了客观实践的具体的历史的特点，就会犯"左"的冒险主义的错误。总之，我们的结论是主观和客观、理论和实践、知和行的具体的历史的统一，反对一切离开具体的历史的"左"或右的错误思想。由于客观事物及人们对它的认识都是一个复杂的过程，主观和客观、理论和实践达到完全统一是不可能的。但尽可能地一致，不犯多年来一再重复出现的那种完全脱离实践的"左"倾错误，则是完全能够办到而且应该办到的。

　　主观和客观、理论和实践的具体的历史的统一说明，一个正确的思想、正确的理论，第一，它总是具体的历史的特定客观现实及其规律的正确反映，而不是抽象的和脱离历史的；第二，它是动态的和开放的，而不是死板的和封闭的，它是以往认识发展的结晶，又反映着事物进一步发展的趋势，是过去、现在和未来的统一。简而言之，真理是具体的，是不断发展的。在实践和认识的辩证运动中，实践是基础，它决定和支配着认识的全过程,这是认识的唯物论;从实践中形成的认识,又不是被动的,而是一个能动的发展过程,它不仅从感性认识飞跃到理性认识,而且从理性认识又飞跃到实践,在实践中起着重大的指导作用,这又是认识的辩证法。主观必须统一于客观,认识必须统一于实践,这是认识的唯物论;这种统一是认识和实践的矛盾在发展中的统一,是具体的历史的统一,这又是认识的辩证法。认识和实践的循环往复,以客观的实践为起点和归宿,这是认识的唯物论;而这种循环往复又是无限深化和提高的过程,是对立面转化,由量变到质变,由肯定到否定、再到否定之否定的发展过程,这又是认识的辩证法。总之,在实践、认识、实践的矛盾运动过程中,无论从总体上还是从某一个环节上,无论从实践和认识本身还是从它们的相互关系上,都贯穿着唯物主义和辩证法的统一这条鲜明的红线。所以,从对认识的辩证的分析中可以得知,唯物辩证法的的确确就是马克思主义的认识论。

"实践、认识、再实践、再认识……"是唯物主义的,也是辩证法的,是唯物主义和辩证法的高度统一。

第三章

当代大学生思想与行为规范培育状况调查

中共中央《关于进一步加强和改进大学生思想政治教育的意见》指出:"加强和改进大学生思想政治教育,提高他们的思想政治素质,把他们培养成中国特色社会主义事业的建设者和接班人,对于全面实施科教兴国和人才强国战略,确保我国在激烈的国际竞争中始终立于不败之地,确保全面建成小康社会、加快推进社会主义现代化的宏伟目标,确保中国特色社会主义事业的兴旺发达、后继有人,具有重大而深远的战略意义。"在世界多极化、经济全球化深入发展、科学技术日新月异、各种思想文化交流交融交锋更加频繁的历史新时期,要了解与掌握当代大学生思想与行为规范的具体状况,加强对大学生思想与行为规范的培育,使当代大学生行为规范成为引领良好社会风尚的标准。大学生思想与行为规范素质的高低既关系到其个人成长成才,同时还与国家的前途与社会的稳定发展息息相关。因此,应当增强大学生思想与行为规范的培育,加强对大学生的思想政治教育和道德建设,提升当代大学生政治意识和道德素质,使其立场坚定地拥护中国共产党的领导,对中国特色社会主义建设充满信心,树立共产主义的远大理想。

但是,中国从改革开放以来,由于外来文化与传统文化的交融与冲击,逐渐形成了多元文化碰撞融合的格局,影响了大学生思想与行为规范的选择,其特征表现为大学生思想极不稳定且带有很强的个人感情色彩,加之大学生的政治理想和现实之间的矛盾,这就不可避免地影响着大学生思想与行为规范的培育。

因此,对当代大学生的思想与行为规范状况进行调查,找出其中存在的问题,分析其原因,探索解决问题的新方法,增强大学生思想与行为规范培育,降低当前复杂社会背景对大学生思想与行为规范建设产生的负面影响,消除影响其道德素质提升的消极因素,帮助当代大学生树立正确的马克思主义信仰,引导大学生树立正确的世界观、人生观和价值观,对全面建成小康社会和社会主义现代化目标的顺利实现,对国家的发展和高校思想政治教育工作的顺利开展,对实现中华民族的伟大复兴具有十分重要的意义。为了更好地了解与掌握当代大学生思想与行为规范状况的具体情况,笔者结合自己的学习和工作经历实际,对云南民族大学、中央财经大学、贵州大学、贵州师范大学、湖南师范大学、贵阳学院、贵阳护理职业学院等不同类型学校的大学生进行了问卷调查。调查过程中共发放问卷1000份,收回983份,有效967份。被调查的学校和大学生分布于北京、贵州、湖南、云南一个直辖市和三个省。问卷主要是通过与这些院校思想政治教育理论课教师、大学生管理部门工作人员和辅导员等进行访谈与交流;查阅全国各地关于当代大学生思想与行为规范状况的调研资料;参阅网络上关于当代大学生思想与行为规范状况的调查数据等方式设计完成的。

第一节 大学生思想与行为规范培育状况调查设计

一、调查目的和设计思路

当代大学生思想与行为规范培育状况的调查，主要目的是了解当代大学生思想与行为规范状况的真实面貌，找到问题产生的根源，使培育途径有针对性，体现实效性。因此，紧紧围绕当代大学生思想与行为规范培育制定问卷调查，问卷设计主要包括问卷目的、问卷内容、问卷构成和问卷回收后整理。本问卷调查目的主要有三项：一是调查大学生思想与行为规范培育状况现状；二是分析当代大学生思想与行为规范培育困难的原因；三是通过调查结果对当代大学生思想与行为规范培育进行实证分析，总结出当代大学生思想与行为规范培育缺失所造成的消极影响。问卷调查内容主要包括四个部分：一是关于大学生对思想与行为规范培育认知的调查；二是关于大学生对社会责任认识的调查；三是关于大学生是否进行公益参与的调查，主要从大学生是否参加公益活动、参与的频率等方面进行调查；四是大学生是否自觉树立了正确的思想与行为规范理念。问卷共由三部分构成，即前言、背景信息（个体特征）和问卷主体。前言部分简单介绍问卷调查主旨及注意事项；背景信息包括四项个体特征信息（性别、年龄、文化程度、职业）调查；问卷主体内容部分由17道单选题构成，整份问卷共21道题。

二、问卷调查设计

1. 你努力学习的目的是

   A. 将来找份好工作

   B. 报答父母的养育之恩

   C. 实现自己的价值

   D. 提高能力，完善人格

2. 你旷课出去玩的频率，如去上网、打篮球或参加一些社团活动

   A. 经常

   B. 偶尔

   C. 从来没有

   D. 一般

3. 你是否曾在教室、图书馆、食堂等地方不良占座

   A. 经常

   B. 偶尔

   C. 一般

   D. 从来没有

4. 你是否曾在教室等同学学习的地方大声喧哗，影响到他人

   A. 经常

   B. 偶尔

   C. 一般

   D. 从来没有

5. 你入党的动机

   A. 对就业有帮助

B. 将来更好地发挥自己的社会作用

C. 更好地完善自我

D. 无所谓

6. 你怎样看待大学生作弊、替考现象

A. 无所谓

B. 是取得好成绩的捷径

C. 如果有机会也会作弊

D. 反对作弊

7. 你对人生的态度

A. 很乐观

B. 顺其自然

C. 很辛苦，但会努力奋斗

D. 很悲观

8. 如果在公交车上看见老弱病残孕等你会

A. 主动让座

B. 装作没看见

C. 别人看着我，不得已只好让座

D. 坚决不让

9. 当你扔垃圾时，不小心扔到垃圾箱外，你会

A. 不管它

B. 捡起来，重新扔进去

C. 有人看到，就捡起来重新扔进去

10. 如果寝室里公共卫生不是很好，你会

A. 号召大家一块打扫

B. 无所谓，睁一只眼，闭一只眼

C. 看不下去就去打扫

11. 在看到别人遇到危难时，你如何做

A. 奋不顾身，挺身而出

B. 没有危险就救一把

C. 装作没看见

D. 马上走人

12. 当自己遇到危难时，你希望别人

A. 见义勇为来帮助自己

B. 不希望别人帮助自己

C. 随便

13. 当帮助其他同学自己会受到损失时

A. 帮助他，不考虑得失

B. 帮助他，将来找机会弥补

C. 帮助他，因为不好意思拒绝

D. 不帮助

14. 当你遇到与大学生思想与行为规范相悖的事时你将

A. 坚决反对

B. 随波逐流

C. 提出自己的看法

D. 当作什么都没发生

15. 在日常生活中你是否做到不说脏话、粗话

A. 绝对不说

B. 有时会说

C. 经常说

D. 不太注意

16. 当别人失信于你时，你

A. 可以理解

B. 感到愤慨

C. 以其人之道还治其人之身

17. 在择业上，你选择

A. 是否有利于实现自我价值

B. 无所谓，工作稳定收入高就行

C. 祖国需要

D. 专业对口

18. 社会公正方面，你认为

A. 很公正

B. 不公正

C. 差不多

19. 你关心国家政治吗

A. 关心

B. 不关心

C. 一般

D. 无所谓

20. 对我国的改革开放和现代化建设，你

A. 充满信心

B. 困难很大，信心不足

C. 不清楚

21. 针对上述的问题，你有什么更好的建议？

三、访谈、座谈设计

当代大学生思想与行为规范培育现状的调研过程中，本研究除了使用问卷调查法之外，还通过个别访谈法来了解大学生思想与行为规范培育的基本情况。访谈法是获取信息的一个常用方法，通过与被访谈者接触谈话，能够获取相关的重要问题的主观信息，被访谈人也可以感受到他们在为项目作贡献。召开当代大学生思想与行为规范培育座谈会，是有目地对调查对象进行调查。调查人员作为主持人，以当代大学生思想与行为规范培育为主题进行讨论，主要目的是通过听取调查者对有关当代大学生思想与行为规范培育问题的讨论来得到观点。这一方法的价值在于自由的小组讨论经常可以得到意想不到的发现，是非常重要的定性研究方法。座谈会要让每个与会者都能真实地表达自己的意思，最好的办法就是营造环境使参与者放开思想包袱，让大家进入一种忘我的境界，全心全意地投入到讨论当中，这时候的人更多的是感性的人，而不是一个说话要再三斟酌的"理性"的人，这种讨论的结果更真实有效。

第二节 大学生思想与行为规范培育调查现状

一、大学生思想与行为规范认知的调查分析

大学生思想与行为规范的认知即对现实中人的行为关系和道德规范

的认识。大学生的主要生存环境是校园,文明程度与社会责任感是衡量大学生社会公德方面认知状况的两个重要因素。因此,调查大学生的社会责任感、文明用语使用状况以及大学生参与社会公共道德建设的状况较为具有代表性。

(一)责任感和正义感调查

责任感和正义感是一个人应具有的优秀道德品质,是高尚道德理性的重要体现。在价值整合度较高的社会文化环境中,人们有着较高的道德评价能力和行为能力,表现出强烈的责任感和正义感。而在社会转型期,由于受到双重甚至是多重道德标准的影响,人们在价值判断中往往会陷入矛盾状态,我国传统伦理所构筑的是一个以自我为中心,以血缘为基础,由近及远的道德体系,道德感的强弱与亲疏关系成正比,"私德"发达,"公德"欠缺。如助人为乐是中华民族的传统美德,是社会主义道德原则在公共生活中的具体体现。对于行为主体来说,它是在对他人幸福和个人幸福之间辩证关系深刻认识的基础上的一种理性行为,是衡量一个人是否富有爱心、是否有奉献精神等优秀道德品质的重要指标。当问及"在看到别人遇到危难时,你如何做"这一问题时,大部分学生展现了正确的、积极向上的思想与行为认知规范,助人为乐、互帮互助。也有少部分大学生选择"看情况"和"在不影响和损害自己利益的前提下,参与积极帮助"。再比如,见义勇为是每一个有良知、有修养的社会成员都应履行的社会责任和道德义务,对此大学生们又是如何看待的呢?调查发现,"在街上遇到歹徒的情况下",有大部分学生表示"会挺身而出";有部分表示当遇到危险的是自己的家人或朋友时"才会挺身而出";还有部分大学生表示"量力而行,才挺身而出,但会通过报警等其他方式"给予帮助。可见,面对危情大学生选择通过各种方式积极地见义勇为，体现了他们正确的道德行为规范和价值取向，当然也有少部分学生受到当前社会主义市场经济转型中负面因素的影响，展现出了消极的一面，但这仅仅是少数学生，因而不具有代表性。

（二）文明用语使用情况调查

关于文明用语使用情况的调查，详见表3-1。

表3-1 文明用语使用情况调查结果

	完全不认可	不太认可	不确定	比较认可	非常认可
认知行为（%）	1.5	6.5	1.5	36.2	53.3
	总是	经常	有时	很少	从不
	4.8	9.2	36.5	33.2	16.3
失调情况（%）	不失调	轻微失调	有点失调	失调较多	严重失调
	30.5	29.2	25.4	13.1	1.8

从表3-1的数据可以看出，大学生对于"使用文明用语是对现代人的起码要求"的认知情况整体较好，单单非常认可的同学就超过半数以上，达到了53.3%，持完全不认可、不太认可、不确定认知态度的同学只占9.5%，可以说大学生在这一问题上的认知是不错的。由此可以看出同学们对于这个问题的认可度是相当高的，大部分同学都非常清楚、认可社会公共行为的基准和原则。对大学生文明语言的实践调查显示，大部分学生体现出高水平的文明认知观。如在"你平日里有说脏话的习惯吗"问题中，大多数大学生表示在生活中从不说不文明语言。结合认知数据可以看出，大部分的大学生认同使用文明用语是对现代人的起码要求，有极少数在实践生活中会偶尔因情绪等其他因素影响而说脏话，转而选择有时、很少两个答案。对部分同学的失调情况的调

查数据显示，少部分的同学出现了失调现象，失调程度主要集中于轻微失调和有点失调。这说明在文明用语的使用情况上，大学生的认知较好，但在实践生活中，偶尔出现有行为失调情况。

对大学生对当代中国道德建设中的作用的调查结果显示，当代大学生认为自身在中国社会道德建设中应当承担重要作用，体现了他们的勇于担当的可贵精神。68%的同学非常认可大学生是当代中国道德建设不可缺少的一分子，有义务承担一定的社会责任。27%的同学比较认可，只有6.2%的同学持怀疑或反对态度，这表明大学生的社会责任意识还是比较强烈的，能够意识到大学生在社会道德建设中的地位和作用，有倾向和意愿去承担一定的社会责任。在与之相应的实践行为数据调查中出现了与认知不符的一定偏差。数据显示，能够做到经常、总是参加学校组织的社会服务或公益活动的同学占绝大部分，半数以上的同学会经常参加，但也有少部分同学很少或从不参加此类活动。由此看出，大部分大学生对自身在道德建设中的责任认识都能很好地践行，但有少部分同学存在认知失调现象，需要在实践中加以积极的引导。

二、当代大学生道德责任担当的调查分析

《公民道德建设实施纲要》中提出："社会公德是全体公民在社会交往和公共生活中应该遵循的行为准则，涵盖了人与人、人与社会、人与自然之间的关系。"社会公德涵盖人的社会行为的各个层面，具有普遍性的特点。所以，大学生是否具备社会公共责任体现了大学生思想与行为规范责任的强弱，可以衡量一个社会最基本的文明程度，当代大学生是社会群体中最文明的成员代表，大学生的文明程度可以折射出社会成员的文明程度。社会公德是指一定社会的全体成员为了维护人类社会共同的生活关系,调节整个社会的道德秩序,必须共同遵循的基本的道德要求。它是千百年来人类社会文明的积淀,是社会公共利益与社会共同生活得以维持与发展的需要,也是为大多数社会成员所公认的最简单、最起码的公共生活准则。当代社会,社会公德已成为一个社会文明进步的标志之一。然而,部分大学生在社会公德方面却存在着失范现象。具体表现在以下几方面。

(一)当代大学生社会公德意识不足

社会公德意识主要体现在人们如何对待公共卫生、公共秩序和公共财物方面。公共卫生方面,少部分大学生缺乏公共卫生意识。有些大学生在外非常讲究个人服饰、个人卫生,而寝室里却一片脏乱、没人打扫。有的大学生穿得整整齐齐,却随地吐痰、乱扔垃圾。遵守公共秩序方面,少部分大学生的表现不尽如人意。公共场所大声喧哗、食堂买饭不排队、敲盆乱起哄等现象时有发生,上课接电话、发短信等现象也随处可见。对待公共财物方面,与对待自己的私人物品的爱护程度还有一定差距。部分大学生对自己的物品珍视如宝,但对公物却不够爱惜。桌椅被乱写乱画、墙上有脚印、走廊指示灯被踢碎等都在校园中能够看见。

图3-1显示有超过50%的大学生认为参与公益活动不是自己的义

你有义务参加公益活动吗?(%)

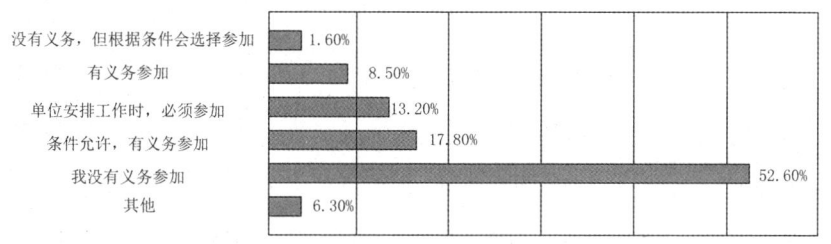

选项	百分比
没有义务,但根据条件会选择参加	1.60%
有义务参加	8.50%
单位安排工作时,必须参加	13.20%
条件允许,有义务参加	17.80%
我没有义务参加	52.60%
其他	6.30%

图3-1 关于义务参加公益活动的调查

务,仅有8.5%的大学生认为自己有义务参与公益活动。由此可以得出我国部分大学生认为公益不是自己应尽的义务,当代大学生的公益责任感较低。公益责任是建立在大学生对自己的权利和义务认知的基础之上的,只有清楚地认识到自己的公益责任,才能积极投入到公益活动中去。

图3-2调查的目的是检验当代大学生在日常生活中对维护公共领域的利益的责任态度。调查结果显示有52%的大学生认为自己没有责任维护公共领域的利益,仅有20%的大学生认为有责任去维护。由此可以看出,大部分大学生缺乏对公益责任的正确认识。

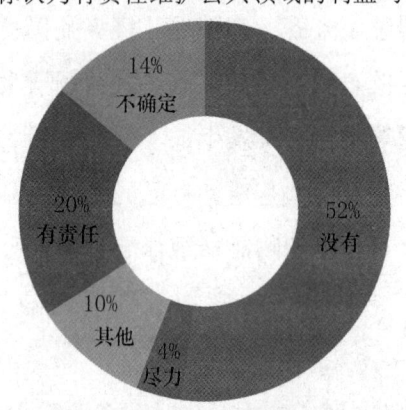

你认为有责任维护公共领域的利益吗?

图3-2 关于维护公共利益的调查

图3-3主要调查了当代大学生是否参与过公益活动,目的是检验当代大学生对公益实践的态度。调查显示,在问到"你是否参加过公益活动"时,回答"参加过"的人占92.9%;回答"没有参加过"的人占7.1%。从此项结果来看,大部分当代大学生都参加过公益活动,公益活动普及范围相对较广,能够为公益精神的培育提供良好的群众

第三章 当代大学生思想与行为规范培育状况调查

你是否参加过公益活动？

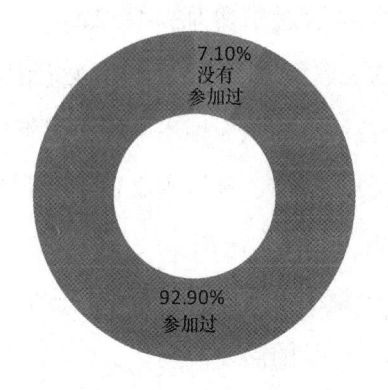

7.10% 没有参加过

92.90% 参加过

图 3-3 关于是否参与公益活动的调查

基础。

图 3-4 调查了当代大学生参与公益活动的频率，检验了当代大学生参与公益活动的积极性。调查结果显示，在所有参加过公益活动的当代大学生中，10.8%的大学生表示自己经常参与各种形式的公益活动，活动频率很高；22.7%表示自己在合适的时间、合适的机会参与公益活

您参与公益活动的频率是？

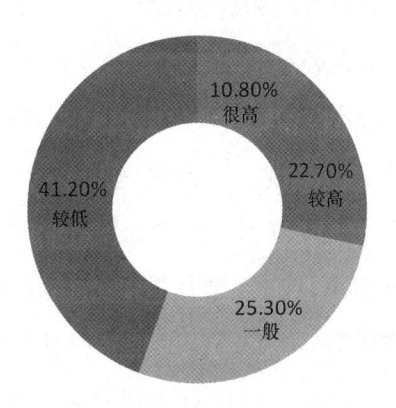

10.80% 很高

22.70% 较高

25.30% 一般

41.20% 较低

图 3-4 关于参与公益活动积极性的调查

67

动,频率"较高";25.3%的大学生则因各种原因回答是"一般",访谈中多数当代大学生表示偶尔参加;41.2%的大学生参与频率"较低",仅仅为一到两次,且大多数是在学校的组织下参加。由此可以看出当代大学生参与公益活动的积极性不高,公益活动参与程度与认知水平不相匹配,这会使公共精神、集体主义精神受到影响。

(二)当代大学生法制观念模糊

遵纪守法是社会公德的重要内容,是维护国家和社会稳定发展的需要,也是维护每个公民利益的需要。当代大学生遵守法纪的状况又如何呢?近年来,随着高校封闭状态被打破,大学校园与社会日益融合,社会的一些负面因素导致少部分大学生法纪观念淡薄,缺少自律意识,视法规校纪为儿戏,自由散漫,放荡不羁。从调查看出,在"逃课"这一问题上,有少数的大学生"经常逃"和"偶尔逃",到大四几乎半数的大学生都有过逃课经历。另外,还有少部分的大学生有过丢失财物(如日常生活用品、学习用品、自行车等)的经历。

(三)当代大学生诚信度下降

诚信的最基层含义是真诚相待、信守诺言、讲究信誉。诚实守信是做人的基本原则,是为人处世时必须遵循的基础性道德规范,也是现代市场经济对大学生的基本人格要求。从表3-3可知,有34.2%的大学生认为周围同学的诚信意识较差,且缺乏自律意识。如表3-2所示,在对校园考试作弊行为的评判中,"考试作弊"在大学生中宽容度不高;有16.7%的大学生承认"经常作弊"和"偶尔作弊";另有10%的大学生"想过要作弊";有73.3%的大学生从不作弊。从表3-3可以看出,对于"面对就业压力,你对求职过程中的弄虚作假行为如何看待"这一问题,仅有7.6%的大学生选择了"可以理解,自己也可能做"，绝大部分的大学生认为"坚决不做"。

表 3-2 对大学生考试作弊行为的调查统计

类型	经常或偶尔作弊	想过要作弊	从不作弊	合计
人数	226	169	451	846
比例	16.7%	10%	73.3%	100%

表 3-3 大学生求职诚信调查统计

类型	C1	C2	C3	合计
人数	65	290	491	846
比例	7.6%	34.2%	58.2%	100%

注：C1：可以理解；C2：是一种欺骗行为，导致不公平竞争，但自己不会做；C3：坚决不做。

除以上所提及的几种诚信失守行为以外，在某些大学校园中还存在着评优评先舞弊、恶意拖欠学费、欠贷不还和单方面违反就业合同等诚信失守行为。调查结果显示，当代大学生的诚信意识与信用经济时代对人才的要求还有一定的差距。这不仅损害了大学生的文明形象，而且对其未来步入信用经济时代的职业生活也是非常不利的。

三、当代大学生道德价值选择的调查分析

调查显示，大部分当代大学生在道德价值选择上，能够自觉树立全心全意为人民服务的崇高理想境界，做社会主义精神文明建设的楷模。但也有少部分大学生存在道德价值选择功利化、低俗化的现象。具体表现有以下几点。

（一）学术腐败

"学术腐败"是人们对各种不道德、不诚实的学术行为的一种通

称，是科学研究不讲科学精神的行为。其主要表现形式有抄袭、拼凑、造假、炒作、制造"学术泡沫"等。高校是培养人才的学术圣殿，是国家建设、社会进步的重要人才基地，学生的成长成才是国家强大的根本人才保证。学术研究是大学生提升素质能力的重要渠道，也是检验他们是否符合国家和社会需求的标准。然而，当前少部分大学生在进行学术论文的研究和写作时，常常不肯下功夫，总是想走捷径，希望速战速决。因而导致了当前大学校园中论文抄袭、论文代写等学术腐败的不良现象。大学生的论文写作中存在抄袭他人学术成果、重复他人已有观点、撰写不规范等问题，有些论文即使没有抄袭的痕迹，也是没有价值的废纸一堆。大学生在网上请人代写论文的行为，暴露出一些高校在大学生思想教育和业务培养上的失责。大学生是学术界的后备军，学术腐败现象在大学生中的横行，既严重侵蚀了学术风气，腐蚀了学术队伍，也阻碍了优秀大学生的健康成长，任其蔓延下去，将破坏整个社会的风气。

（二）重物质利益，轻精神追求

在市场经济条件下，对物质利益、金钱的重视与追求在价值观中凸显，相对于以前不苟言利的传统价值观来说，确实有所区别。但一些大学生受拜金主义的影响，过分重视物质利益，夸大金钱的作用，部分大学生的道德天平在"求利"的引导下倾向于自身物质利益的满足，把物质或者说金钱作为衡量一个人价值的标准，甚至部分大学生存在对物质利益、对金钱不加掩饰的追求。表3-4是对大学生金钱观的调查统计结果。

表3-4 大学生金钱观调查结果统计（有钱能使鬼推磨）

类型	赞同	无所谓	反对	合计
人数	417	10	419	846
比例	19.3%	21.1%	59.6%	100%

从表3-4的数据可以看出，赞同"有钱能使鬼推磨"观点的大学生有19.3%。虽然只是占据了总体大学生的少部分，但如果不对这种观点加以纠正和抵制，则会产生持续的不良影响，甚至还会有不断扩大的趋势。在择业观上，大学生也不着重考虑发挥自己的专长，而是特别注重单位的经济效益和个人的物质利益。过去的大学生愿意到边疆去，到基层去，到最艰苦的地方去；而当代大学生渴望到国外去，到大城市去，到外资企业去，到挣钱最多的地方去。这些都充分表明了当代部分大学生过分注重物质利益、缺乏精神追求的现实。

（三）价值取向个人至上，缺乏国家和民族意识

古往今来，"先天下之忧而忧，后天下之乐而乐"的无私胸怀、"天下兴亡，匹夫有责"的人生呐喊和"为中华之崛起而读书"的铮铮誓言，透射出一代代仁人志士爱国忧民的崇高气节。在建设现代化中国的今天，同样需要大学生的真诚付出和无私奉献，需要他们自觉树立起国家和民族意识。而在社会转型期，西方社会思潮和价值观念多元化的影响使大学生的责任意识和国家观念日趋淡薄。据调查，当代部分大学生刻意追求个人价值的实现和私利的满足，在个人与社会的关系上也明显地倾向于以个人为本位。调查数据显示，将近一半的大学生"肯为国家和集体牺牲个人利益"；在回答"当国家和民族遭遇到困难或危险时，你将会如何做"这一问题时，有近半数的大学生选择了"随大流，看情况而定"，少部分则认为"不管怎样，自己不能吃亏"；对"国家

的事再小也是大事,个人的事再大也是小事"这一观点,大部分大学生选择了"不同意"和"说不清"。由此可见,国家和民族利益在大学生的人生砝码上占有一定的比重,他们认识到了个人利益的实现和国家利益、集体利益是分不开的。但是,也有少部分大学生眼光狭隘,他们的价值选择更加功利和自私,严重缺乏对集体和社会利益的应有关照。

(四)急功近利,目标短期化,缺乏对人生终极意义的思考

人为什么活着?如何活着?对这一问题的思考影响着一个人的人生态度以及人生目标的制定和行为方式的选择。关于人的存在与追求,爱因斯坦曾经说过:"人类最重要的努力,是在我们的行为中追求道德。我们内心的安定,甚至我们的生存,都离不开道德,只有道德的行为,才能给生命以美和尊严。"在社会主义条件下,国家倡导每一位社会成员都要树立远大的共产主义理想,自觉遵循道德原则和道德规范的要求,乐于奉献和牺牲。然而,部分大学生不仅对理想的追求更加趋于功利,而且对人生价值目标的实现过程也缺乏理性的认识,没有耐心和韧性,呈现出功利化和短期化的特点。表3-5中,对于"你在选择未来职业时考虑最多的因素是什么"这一问题,将"经济收入、社会地位、升迁机遇、出国机会、权力"等作为首选的占绝大多数,仅有少数人选择了"能充分发挥自己的才能更好地为国家和社会服务"。可见,身处社会转型期的大学生,由于受多种社会思潮和市场经济的负面影响,更加关注自身的生活状态和现实利益的实现。

表 3-5　大学生职业选择首要因素统计

类型	A	B	C	D	E	F	合计
人数	417	202	101	56	48	16	840
比例	49.6%	24%	12%	6.6%	5.7%	2.1%	100%

说明：A：经济收入；B：社会地位；C：升迁机遇；D：出国机会；E：权力；F：能充分发挥自己的才能更好地为国家和社会服务。

四、当代大学道德理想的调查分析

道德理想是一种高尚的人格理想，是人们在道德生活中所期望达到的目标。当代社会人们最高层次的道德理想就是实现共产主义。它要求人们在处理个人与国家和集体的利益关系时，把国家和集体利益放在首位，个人利益自觉服从国家和集体利益。正是在这一意义上，康德说："道德之所以有如此崇高和美好的名声，就是因为它总是伴随着巨大的牺牲。"经调研发现，当代大学生在道德理想方面存在以下几个方面的问题。

（一）强调个人理想，忽视社会共同理想

当代大学生是朝气蓬勃的一代，他们拥有着这个时代为他们打造的强大平台，以及更多的机遇和选择。因此，不可否认，当代大学生是有理想、有追求的，他们希望自己成才，出人头地，在国家这个大舞台上实现他们的梦想。但也有部分大学生仅仅局限在实现个人理想的梦幻里，没有将个人理想与社会理想紧密联系起来。他们认为社会理想太远、太大、太空，与个人关联不大，而个人的现实生活才是最为实惠的。当代大学生更为关注的是人自身的状态和现实的利益，强调人首先应对个人前途负责，创造个人实惠和美好的生活。这种注重个人成功、强调个人理想的价值观本无可厚非，但不应走向极端。由表 3-6 可以看出，当个人理想与社会理想发生冲突时，选择社会理想的占了51%，选择"兼顾个人理想和社会理想"的占35%。

表3-6 大学生理想选择调查结果统计

类型	社会理想	个人理想	两者兼顾	合计
人数	432	119	295	846
比例	51%	14%	35%	100%

（二）在学习上和政治上趋于功利性

20世纪80年代的大学生不用担心就业问题，他们进入大学就等于找到了工作。到20世纪90年代中期，大学生毕业分配开始实行"双向选择，自主择业"；同时，随着市场经济的快速发展，各行各业对大学生的能力要求更高，大学生没有能力或学习冷门专业就面临着就业困难。所以，就业因素成为大学生选择专业、选择职业、选择课程的主要参考因素，热门专业、实用知识成为他们学习的重点；而对于道德方面的知识，他们采取"无所谓"的态度。面临就业问题，大学生在政治取向上趋于实用性、功利性，他们主要从自我利益的角度看待政治取向。很多大学生把入党、评"三好大学生""优秀干部"等作为以后找工作的硬件。对正在申请入党或已经入党的大学生进行访问调查，有70%的同学承认，入党就是为了毕业顺利找工作。他们参加政治活动、学习马列主义知识和积极向党组织靠拢的真正动机不是为了对社会作贡献，主要是为了锻炼能力，以便自己在以后的就业竞争中占有优势，找到一份待遇优厚的工作。

五、当代大学生网络道德的调查分析

网络道德是从传统道德中延伸出来的一种道德规范，是在由互联网用户和网络组织组成的"网络社会"中,人们通过电子信息网发生的社会行为进行规范和对人们之间的关系作出调整的行为规范或伦理准则的总和,是人们在运用网络中表现出来的符合社会需求的价值观、人生观、世界观。近年来网络发展迅速,大学生网民数量迅速增加,大学生成为普遍使用网络的人群。高校网络已经全覆盖,网络已经成为大学生生活的重要组成部分。在网络这个虚拟世界中,大学生更是肆无忌惮,存在着大量的道德失范现象,各种各样的网络道德问题接踵而至,并越来越引起人们的重视,对大学生进行网络道德教育成了大学生思想与行为规范建设的又一热点。网上侵犯行为主要有电脑黑客和网上侵权。电脑黑客是一种极端的网络侵犯,是网民追求技术权力的产物。"他们之所以这样做是觉得在生活中受人摆布软弱无力,因此对具有隐秘性的技术权力怀有天然的向往。"于是,便用自己的技术使虚拟的网络空间出现混乱,进而影响和干扰现实社会生活,以此来获得"成功"的快感和"恶作剧"的满足。曾发生的"熊猫烧香"病毒在网上广泛传播,对互联网用户计算机安全造成了严重破坏,给电脑系统和国家互联网带来了巨大损失。但对于网络黑客的行为,有32.15%的大学生认为"黑客具有高超的技术,令人佩服",有18.9%的人认为"黑客的行为促进了计算机技术的发展",另有41.3%的大学生表示"如果自己有这方面的高超技术和能力,也可能会做黑客"。可见,网络侵犯成了部分大学生钦佩的能力,而黑客成了他们仰慕的对象。这种现象警示我们:科学技术越是发展,越要注重大学生伦理道德的培养,使其科技素养与道德素质平衡发展,以充分发挥高新技术服务社会、服务人类的功能。网上侵权行为在大学生中相对较为普遍。其主要表现有:随意下载别人的学术成果和科研论文;未经授权而借用、移植、复制他人的程序和信息;

擅自进入他人计算机系统窃取他人机密信息（数据）或对计算机信息系统功能进行删除、修改和干扰，使系统无法正常运行等。

（一）制造、散布和传播各种非法有害信息

在部分大学生中存在的比较典型和普遍的网上欺骗行为是以虚拟的身份和虚假的个人资料与他人交往、交流（见表 3-7）。

表 3-7　大学生上网资料真实性情况调查统计

类型	F1	F2	F3	F4	F5	合计
人数	112	226	175	184	149	846
比例	13.3%	26.7%	20.7%	21.7%	17.6%	100%

说明：F1：经常"不用真实的个人资料结识网友和聊天"；F2：有时"不用真实的个人资料结识网友、聊天和交流感情"；F3：认为"使用假的个人资料是自我方法"；F4：反对"与人聊天时说假话不道德"的说法；F5：认为"在网上做什么都可以毫无顾忌"。

可见，现实社会中人际交往时所不允许的违德行为在虚拟的电子空间里却得到了普遍的认同。在这种倾斜道德观支配下，个别大学生潜伏在人性深处的恶也在这种失去制约和监控的状态下充分暴露出来，畸形"网恋"的盛行正是这种心理认同基础上的产物。"网恋"的欺骗性首先来自"恋爱者"身份的不真实性。在"网恋"的过程中，"恋爱双方"抛弃了其所固有的社会角色、身份地位、经济收入、社会评价等现实恋爱的必然和真实因素，带有明显的欺骗性和虚伪性，也导致了"网恋"的低成功率。某网络公司作的一项关于"网恋"的调查结果显示，"网恋"成功率仅为1%。另外，还有个别大学生在网上进行"三角"或"多角"恋爱（还有的同时拥有现实和网上虚拟恋人），恶意欺骗和玩弄感情，违背了爱情忠诚、专一的道德要求。据调查，在大学生中有过"网恋"经历的占被调查人数的17.15%，而其中用真实身份和投入真情的仅为 11.27%。还有其他网上欺骗行为,诸如盗用他人账号和密码冒充他人在网上交往,暴露他人隐私,败坏他人名誉;在网上发布虚假信息,混淆视听;在网上商务活动中实施欺诈等。

(二) 网上欺骗行为

在现实生活中,人与人的交往需要真实的身份和真诚的态度,而在网络社会里,人们的交往以间接形式为主,以符号化为特征,忽视了人的真实存在和思想情感反应,没有面对面时可能产生的压力和责任,从而导致了网上交流时虚伪的"逢场作戏"和欺骗行为的产生。据美国的一份调查,大约50%的网民曾在网上撒过谎。由于网络的虚拟性和匿名性,加之在网络传播的空间里没有政府的管理,没有领导的监督,也没有相应的法律法规的约束,这使得一些年轻的大学生网民在网络空间里完全忽视或无视现实世界里的各种约束,随心所欲地制造、散布和传播各种非法有害信息。如在网上发布或转载攻击党和政府的言论及各种政治谣言,歪曲党和政府的形象;或就某一事件借题发挥,散布谣言,混淆视听,煽动大学生的不满情绪;或以虚拟的身份对他人进行人身攻击,暴露他人隐私,损毁他人形象;或肆意制造和传播不良信息等。又如某校园网上有大学生发布信息,谎称学校食堂准备大幅度提高饭菜价格,试图煽动大学生集体罢餐,其预谋虽没有得逞,但在大学生中造成了恶劣影响。总之,统计结果显示,被调查的大学生中有7.35%的人曾在网上发布过虚假信息。

第三节 当代大学生思想与行为规范的培育困境

一、大学生思想与行为规范多元化

当前,全球科学技术日新月异、信息更新速度加快,网络自然担当起信息传播的使命。网络技术已突破了传统的传播模式,即超越时空、地域、领域的局限,采集世界各地的信息,传播世界各方的声音,彰显时代特性。网络信息传播无论在速度、数量、质量,还是在互动、成本等方面都有巨大的魅力和优势。网络的确给人的生活提供了很多便利与快捷的服务,大学生可通过网络进行学习、交流、娱乐、购物等,网络已成为当代大学生学习与生活不可缺少的一部分。当然,网络上也存在很多良莠不齐的信息,如色情电影、西方自由主义价值观、虚假的甚至是反动的信息等。这些也会渗透到大学生的心灵中,大学生还处在心理不成熟的阶段,辨析是非的能力还不强,极少数大学生价值观念模糊,追求物质生活,缺乏精神信仰。拜金主义、享乐主义盛行的主要原因如下:

(一)全球化背景下市场经济的冲击

随着经济全球化的进一步深入发展,我国经济从高度集中的计划经济体制向社会主义市场经济体制转变,中国经济体制改革进展比较顺利。但是,政治体制改革相对滞后,法律体系不健全,现实生活中出现的一些消极、负面的案例影响着大学生的思想观念。少部分大学生倾向于追求物质生活、重利轻义缺乏信仰,表现出自私、功利、情感淡漠等不良品质。正如马克思所说:"在不同的所有制形式上,在生存的社会条件上,设立着由各种不同情感、幻想、思想方式和世界观构成的整个上层建筑。"① 每个大学生的人生价值和人生目标,追求的理想信念及其行为方式、行为态度都具有时代的烙印。少数大学生的不当行为表现说明了他们的思想意识在社会主义市场经济的背景下折射出时代经济的映象。我国正处于改革开放深入转型期,公有制经济体制和社会结构发生了深刻的变化,逐渐形成了以公有制为主体、多种所有制经济共同发展的基本经济制度。在这一根本制度下,我国社会经济成分和分配形式逐步多样化、社会组织形式多样化、社会生活方式和就业形式等也逐渐多样化。第一、第二产业和第三产业的比重有较大调整,个体、私营、外资等非公有制经济成分迅速发展壮大,在国民经济中所占的比重不断增长;在分配制度上,出现了多种分配形式;在经营管理和运行机制上,充分发挥市场对资源优化配置的决定性作用,同时加强国家对经济的宏观调控。这种所有制经济形式的多元存在形成了多种利益群体,使得代表这些非公有制经济和各种生产要素要求的社会意识也在整个社会意识中获得了越来越大的空间,整个社会出现多种意识形态并存的状态。在价值观方面,无私奉献、公私兼顾、合理利己和极端利己主义价值观并存,使得我国的价值观念表现出明显的多元性特征。

当代大学生的思想观念和价值观念是社会存在的反映,必然受到社会多元价值观念的影响。在社会主义市场经济的建设过程中,多元价值观的并存、挤压、交错对接,造成了人们在文化认同、价值选择、人格崇拜等方面的迷茫和困惑。不少大学生出现了信仰迷茫、理想信念缺

---

① 马克思恩格斯全集:第8卷[M].北京:人民出版社,1961:149.

失、价值取向扭曲、社会责任感缺乏等问题，甚至一些非马克思主义的信仰开始在大学生中有所抬头。主要原因，一方面是市场经济的求利性，对人们产生了一种"一切向钱看"的诱惑力，动摇了大学生对马克思主义信仰的追求。市场经济的求利性导致社会上出现唯利是图、利己主义、以权谋私、权钱交易、只索取不奉献等思想行为，严重冲击了大学生的理想信念，有些大学生在价值取向方面开始出现功利化、务实化的倾向，片面地追求自我价值、讲求实惠，忽略了共产主义远大理想和社会主义信仰的存在。另一方面是市场经济的自主性，容易导致人们产生极端个人主义，使一些人或单位组织性和纪律性淡化，他们只顾个人利益、局部利益，无视党和国家的宏观调控，导致无政府主义和自由化思潮泛滥。这种极端个人主义倾向也给大学生造成了不良的影响，有些大学生在个人利益与社会利益、自我价值与社会价值的关系上，明显地向个人利益、自我价值倾斜，强调自我设计、自我奋斗、自我实现，崇尚满足自我需要和以自我为中心的价值观，动摇了对马克思主义信仰的追求。

随着东欧剧变和苏联解体，社会主义分崩瓦解，这对国际社会是一个强烈震撼，给国际共产主义事业蒙上了一层阴影。资本主义不但没有消失反而呈现出一派优于社会主义制度的"繁荣景象"，这使得一直接受马克思主义理论教育的大学生不禁产生"难道马克思真的过时了?"类似这样的疑问，对马克思主义的信仰有所动摇。随着信息高速公路的发展，各国各民族各地区之间的交往日益频繁、快捷，多元文化观念、价值观念的碰撞、激荡也日益常化。西方发达国家凭借其经济和科技优势大肆传播和渗透资本主义的意识形态、价值观念。西方反华势力企图动摇人们对党和政府的信任，动摇人们对党所领导的社会主义现代化建设事业的信心。大学生认知的不成熟性和情绪性致使其容易受到蒙蔽和蛊惑,从而放弃对马克思主义的信仰,抵制学校的思想政治教育。因此,对当代大学生进行马克思主义信仰教育需要坚持相应的基本原则,而不是为完成任务或为迎合大学生品味而不讲政治规律和政治原则。

(二)开放环境下多元文化的碰撞

当今的世界是开放的世界。中国与世界各国进行经济、科技交流与合作的同时,不同思想文化之间也产生了交峰、碰撞。1978年中国共产党在十一届三中全会提出改革开放的方针政策,中国又开始了一场新的革命,这场新的革命不是一个阶级推翻另一个阶级的革命,而是社会主义制度的自我完善和发展。改革开放促进中国经济快速发展的同时也提升了人的文化品位,人的精神文化需求是随物质条件的变化而变化的。文化观念多元化已成为当代大学生的特点,但是,大学生吸取西方发达国家有益文化成果的同时,也受到一些腐朽思想的侵蚀,信仰呈现多元化特征。因此,在世情、国情、市情(市场)不断变化发展的背景下,特别是面对各种思想文化相互交织、相互激荡的复杂局面,诸如迷惑、怀疑、不信任等思想在少数大学生中表现出来,甚至有的大学生开始怀疑马克思主义理论是否过时、无用等,这使高校思想政治教育受到前所未有的挑战。

当代大学生是伴随着科学技术的迅速发展成长起来的,他们接收的信息容量大、范围广、速度快,这极大地改变了大学生的社会生活方式和政治生活方式。随着改革开放的深入,全球化的日益深刻,大学生作为最容易接受新鲜事物的群体,由于辨别能力不强,在思想政治素质方面也存在一些深层次的问题,突出的表现有以下几个方面:其一,大学生中存在着共产主义理想淡化、信仰多元化的倾向。在对马克思主义的认识上，相当一部分大学生不信仰马克思主义，认为马克思主义已经"没有说服力，完全过时了"，还有的大学生"说不清楚"。其二，大学生价值取向呈现二元结构趋势。即多数大学生能按照当代大学生日常规范的要求约束自己的行为，在社会生活中以身作则，率先垂范。能够正确对待学习、生活和工作中常遇到的苦与乐、荣与辱、得与失的关系。例如多数大学生能充分认识自身行为在社会中的表率作用，能够厉行节约，把构建资源节约型和环境友好型社会作为自己的责任，同时能够自觉遵守学校的纪律，表现出强烈的组织纪律观念。多数当代大学生的主流价值趋向是健康向上的。但是，也有一部分大学生受各种因素的影响，价值取向严重扭曲，诚信意识淡薄，价值观处于一种整体错位的无序状态中。其三，多元文化背景下大学生存在着对马克思主义和中国特色社会主义的性质及基本内容认识不清的问题。

在多元文化和全球化思潮的背景下，当代大学生对社会主义与资本主义是否趋同这一突出问题，就有个别大学生认为趋同论正确，也有的大学生认为说不清楚。这说明，在一些大学生中关于社会主义前途命运的认识还是较为模糊的，甚至可以说是混乱的。由此推论，大学生信仰方面所存在的问题，将导致心理与行为上的偏差，不仅影响到大学生自身人格的塑造与全面发展，危及接班人队伍的整体质量，而且也会影响到和谐集体与和谐社会的构建，关乎党与国家事业的前途命运。卓有成效地解决这些问题，需要我们查清存在问题的成因，需要进一步改进教育的方法和路径。

大众传媒是人们传递信息的一种载体，它包括报纸、杂志、书籍、广播、电影、电视、录音、录像、计算机网络、通信卫星等。大众传媒传递信息速度快、内容广、含量大、辐射广、受众多，在信息科技如此

<<< 第三章 当代大学生思想与行为规范培育状况调查

发达的现在，已经成为人们生活中不可缺少的有机组成部分，深刻地影响着社会的方方面面，影响着大学生的思想观念、行为模式、文化生活、心理状态和价值取向。所谓"传播噪声"是从传播学角度来说的，是指不良信息源的干扰和信息垃圾的存在①。当代大学生的信息源非常广，使用频率非常高，以网络为例，100%的大学生上过网，多数大学生每天都会用手机上网浏览信息，低头族的出现，说明信息具有不可控制性。我国的传媒和文化市场管理相对滞后，不良信息源可能通过各种渠道源源不断地向包括大学生在内的接受者散布、传播。西方反华势力就利用这一疏漏，极力向我国传输西方资产阶级的意识形态、政治制度、文化思想，尤其是向大学生大力宣传、兜售资本主义的民主、自由、人权等价值观，企图通过政治的渗透和文化的传输达到"和平演变"的目的。在网络中大肆宣扬马克思主义过时论等，利用党在执政工作中出现的问题肆意抹黑党的领导，抹煞我们取得的成就。这些消极、不健康和腐朽的，甚至反动的思想观念在社会上广为传播，对正确的舆论导向造成相当大的冲击，减弱了大学生对马克思主义的信仰和社会主义的信念，给高校的思想政治教育尤其是马克思主义信仰教育造成了不小的压力。

当代大学生是在科技飞速发展、信息量与日俱增、世界瞬息万变的大环境下成长起来的，被赋予了时代特色，与以往大学生有着很大的不同。思想上，他们具有灵活性和求新求异的特征。② 他们的知识信息来源广泛，便捷的通信手段使得信息交流既迅速又便利。他们学习能力、

---

① 董艾辉. 当代大学生信仰教育的现状及障碍分析 [J]. 中国特色社会主义研究，2003 (1)：52 – 55.
② 王晓菲. 浅谈新时期大学生的信仰教育 [J]. 理论界，2004 (5)：146 – 147.

接受能力强，对社会充满好奇，追求真善美，渴望获得成功。他们对事物倾向于持批评的态度，行动上具有较强的反抗性，易于偏激，克制力不强，崇尚标新立异，宣扬个性解放。在社会主义市场经济大潮的洗礼下，大学生的实用意识不断增强，学会从获取利益多少的角度去衡量成败；自我意识强烈，集体思维缺乏，主观性随意性较强，不愿受到外来的束缚，纪律观念淡漠，讲究"创造生活、追求生活、享受生活"；部分大学生受到社会不良风气的影响，崇尚"享乐主义、拜金主义、实用主义"，信仰逐渐走向平庸、低俗甚至失落。心理上，大学生们正处在人生成长的过渡期，心理承受能力和认知水平均有待提高，但是他们喜欢以成年人自居，不愿意面对心理上的不成熟，行为处事较为情绪化，缺乏理性思维。所以，对当代大学生进行马克思主义信仰教育需要正确选择教育内容。

二、公共资源环境受到破坏

大学生思想和行为规范培育的主要场所是公共领域。只有道德品质高尚的人才会在公共领域中展现其大公无私、维护公共利益的行为规范。因此，公共领域是培育大学生思想和行为规范的重要载体，然而，当前公共资源环境的受到破坏，成为当代大学生思想与行为规范培育的主要困境之一。

公共资源是一切被人们共同分享的、相对于私有资源而言的、能为人们提供公共服务的自然与社会资源，属于社会公有共用的生产或生活资料，是人类生产资源和生活资料的基本保障，是社会经济发展的物质基础，在社会全面发展进步中起着重要作用。公共资源包含自然资源和社会资源，自然资源主要是土地、水流、森林等生态环境类资源；社会资源是依附于自然资源的公共资产、公共设施、行政权力等基础性、专有性、公益性的资源。公共资源的合理、高效使用是以公益伦理精神为基础的。当前我国经济体制进入了市场经济向纵深转型的时期,与我国之前所实行的高度计划经济体制相比,人们获得了前所未有的自由,交往活动的范围不断扩大,每个个体成为追求自身特殊利益的经济主体,人的主体利益地位上升。

自然环境是人类生活的最大公共领域,是孕育公益伦理精神的重要场所,随着人类工业化革命的产生,现代化进程步伐的加快,自然环境的丰实与再生、自然生态的平衡发展,是人类共同体持续生存和发展的必要条件。当前许多人在公共领域思想和行为规范的缺失,使得我们共同生活的自然环境遭到破坏。随着科学技术的进步和人类生产力的发展,人与自然的关系发生了根本性的变化,人口、资源、环境等方面出现了一系列尖锐的矛盾,人口剧增、能源短缺、温室效应、臭氧层破坏、大气污染、水资源匮乏、森林锐减、土地沙化、水土流失、物种灭绝等生态危机频频出现。自然环境是人们赖以生存和发展的领地,而公共领域思想和行为规范缺失的缺失使人们为了实现自身的利益,把自然环境当作一种无本的资源及实现自身利益的工具,无限制地巧取豪夺。每个人都追求自身利益最大化,力求以最小的代价获取最大的利益,对自然的索取成为他们实现自身利益的最小代价,人类不合理的活动正在使生态环境的退化趋向极限,同时也使人类自身被困于危险的生存困境之中。

社会资源是除了自然资源以外用于公共服务的资源,如图书馆、学校、城市道路、城市公园等。这些公共设施和公共物品是人类长期生活积累创造的为公众所共有的资产,它能为人类的生存和发展创造必要的条件，是关系到社会公共利益、人民群众生活质量、国民经济和社会可持续发展的资源。长期以来，我国公共社会资源属国家和集体所有，国家和集体对公共社会资源进行投资和管理，但实际上，这些公共社会资源在管理上还存在着产权不清和管理混乱的现象，因而市场经济的求利性和竞争性，导致了少部分人在公共领域思想和行为规范的缺失，诱发了许多管理者和使用者随意侵害公共资源、损害和危及社会根本利益的行为，出现了公共资源部门化、公共利益私人化的情况。公共社会资源的实际价值与其期望价值相背离，大量的公共社会资源被浪费、损害和占用。

当前许多人在公共领域思想和行为规范的缺失使人们过于追逐自己的一己私利，不惜破坏整个社会的公共利益，缺乏对公共利益的奉献和爱护之心，导致了各种各样的自然和社会问题，对整个社会稳定与和谐造成了极大的干扰和破坏。

三、社会矛盾凸显

当代大学生良好的思想和道德行为规范内含了大学生向善的精神追求，体现了大学生对社会公共利益的奉献、对弱势群体的关爱、对国家的社会责任感，同时公益伦理精神也是市场经济体制运行过程中公平正义的体现，缩小利益差距的手段。公益伦理精神的缺失将会导致社会贫富差距加大，社会弱势群体得不到及时有效的救助，将会使道德风尚受到影响，社会责任感丧失，加剧社会发展过程中的各种矛盾。

社会发展中的弱势群体是伴随社会发展产生的，随着社会的不断向前发展，这一群体的人数将会逐渐减少；但是，按照社会公平正义的理念，保护弱势群体是社会公平正义的基本价值诉求，每个社会成员都应该过上合乎人类尊严的生活。"作为人，我们都是平等的。我们作为个人是平等的，在人性上也是平等的。一个人，在人性和个性上都不可能超过他人或低于他人。我们认可他们作为人在尊严上的平等……人生而平等的说法是真实的只限于能够实际证实人与人平等这个方面。也就是说，他们都是人，都具有人的特性，尤其是他们都具有属于人的特殊性质。"① "一切人，一个国家的一切公民，或一个社会成员，都应当有平等的政治地位和社会地位。"② 因而，社会公平正义的理念是所有社会组成成员都能享受到的作为人所拥有的基本的平等和人的尊严。但是，考查社会是否达到公平正义是以社会组成成员中的弱势群体的态度为标准的，"桥的承载力是根据最不牢靠的桥墩加以测定的，社会的质量乃是根据最弱的社会成员的福利状况加以测定的"。③ "考察我国社会各个领域的公正问题，既不能以富裕阶层为标准，也不能以绝大多数人的情况为标准，而是应当把弱势群体尤其是对不幸者的慈善救助，作为衡量的尺度。"④ 社会弱势群体是社会的一个特殊群体，其基本的生存与发展问题若不能得到妥善解决，公正理念则无法实现，同时也会使社会安全、教育、卫生等各种问题极不稳定，贫富差距将会拉大，随之而来的各种各样的社会问题、社会矛盾将会急剧地凸显出来，道德冷漠、社会风尚等如果得不到良好的指引，会导致利益差距加大、社会责任感缺失等问题。

---

① ［美］艾德勒. 六大观念［M］. 郗庆华，等译. 上海：三联书店，1998：200 - 202.
② 马克思恩格斯选集：第 3 卷［M］. 北京：人民出版社，2012：444.
③ ［英］齐格蒙特·鲍曼. 现代性与矛盾性［M］. 邵迎生，译. 北京：商务印书馆，2003：398.
④ 程立涛. 爱心实现与慈善救助的现代意义［J］. 河南师范大学学报，2006（3）.

四、社会核心价值观迷失

马克思恩格斯指出:"任何人的职责、使命、任务就是全面地发展自己的能力,其中也包括思维的能力。"① 个人的全面发展"使自己的成员能够全面发挥他们得到的全面发展的才能"②。人是自然与精神的聚合点,人的存在,是一种物质基础上的精神存在,人的全面发展不仅要有物质上的富有,还需要在精神上以一种积极的态度和执着的奋斗去不断地创造新的精神生活,克服其非精神的本质。物质和精神共同富有是人的全面发展不可缺少的条件。当代大学生思想和行为规范的形成首先应当树立正确的价值观,如此才能在正确价值观的引领下展现高尚的思想情操和正确的行为规范,成为社会良好风尚的模范者。

中国经济正处于转型发展时期,市场经济向纵深不断推进,其内含的自由交易和平等交换使中国人解除了高度计划经济体制下的束缚,得到了更多的自由和平等,个人的主体性得到高度的提升,物质利益的追求得到合理的归位,每个人可以自由选择自己理想的生活方式。然而,我们发现许多人在这样的环境中更多地追逐自己的物质利益和物质上的享受,不再去奉献、帮助别人,心中没有他人、集体和国家,忽略了精神世界的追求,物质上虽然富有了,精神生活的缺失却使他们仍然感受不到快乐和幸福,人的全面发展更是无从谈起。人们对物质利益的追求表现为强烈的、贪婪的占有欲和消费欲,生活方式单一地表现为对物质的追逐。他们建立社会关系的唯一目的是实现个人的自私目的,利益和权力的斗争充斥在他们之间。在这样的环境之中,人和物、精神都成了

---

① 马克思恩格斯全集:第 3 卷 [M]. 北京:人民出版社,1960:330.
② 马克思恩格斯选集:第 1 卷 [M]. 北京:人民出版社,2012:243.

商品，对事物的评价仅仅局限于物质、金钱上的衡量和评价，物质的产品异化了人们的精神追求。

正如恩格斯指出："不仅是工人，而且直接或间接剥削工人的阶级，也都因分工而被自己活动的工具所奴役；精神空虚的资产者为他自己的资本和利润欲所奴役，律师为他的僵化的法律观念所奴役。"精神因素是人的本质的个体自由的实现，人的精神世界的追求与人性的发展向度相适应，人的精神世界的善的获得，是人的全面发展的重要目标之一。当代中国部分人群社会核心价值观的缺失显现了精神层面发展的缺陷，同时也是当代大学生思想和行为规范培育的障碍，我们只有不断地努力推动社会主义核心价值观的形成，使国民形成人与人、人与自然、人与社会之间的向善的力量，形成充满奉献与友爱的人文环境，才能为当代大学生思想和行为规范培育建构良好的环境。

第四节 当代大学生思想与行为规范培育的现实基础

一、社会主义市场经济的深入转型为当代大学生思想与行为规范培育提供了前提条件

马克思在《德意志意识形态》中指出："有生命的个人的存在是人类历史的第一个前提。个人怎样表现自己的生活，他们自己就怎样。……个人是什么样的，这取决于他们生产的物质条件。"[①] 公益伦理精

---

① 马克思恩格斯选集：第1卷［M］. 北京：人民出版社，2012：67-68.

神体现了人们相互间的社会交往过程中公利与私利的矛盾问题,体现的是人们在道德上、精神上的追求,而这一切仍然离不开人们的物质生活,离不开人们生产和创造物质生活的条件。"人类道德的发展是一步一步跟着经济的,它确切地适应着社会的实际需要。在这种意义下,可以、也应当说,利益是道德的基础。"① 人类社会发展的历史进程中,道德的形成是建立在人们对物质生活资料的创造基础上的,因此,认识道德的发展状况要从经济的运行过程中来剖析和提炼,并逐渐地把它内化成每一个道德主体的内在自律需求。美国伦理学家 R. T. 诺兰在《伦理学与现实生活》中曾指出:"每一种经济体制都有自己的道德基础,或至少有自己的道德含义。"② 马克思指出:"一切以往的道德论归根到底都是当时的社会经济状况的产物。"③ 市场经济的转型并不构成排斥道德原则的根据,道德其实为经济的正常运行提供了有力的支撑,为经济运行中私人利益与共同利益之间的关系进行了调节和规范。经济运行中的道德要求,是其运行发展的内在要求,同时也是人类社会不断进步发展的必然要求。社会主义市场经济是当代大学生思想和行为规范培育的经济基础,只有正确地把握这一时代特征,才能培育符合时代发展的当代大学生思想和行为规范,因而需深入研究和考察。

(一) 生存方式的变化提升了人的主体性地位

社会主义市场经济体制中市场决定资源分配的运行方式相较于计划经济时期以国家调控资源分配为主的计划方式有很大不同,推动着当代

---

① [苏] 普列汉诺夫. 普列汉诺夫哲学著作选集:第 2 卷 [M]. 上海:三联书店,1992:48.
② [美] R. T. 诺兰. 伦理学与现实生活 [M]. 北京:华夏出版社,1988:324.
③ 马克思恩格斯选集:第 3 卷 [M]. 北京:人民出版社,2012:435.

中国人民的生存背景、生活方式、职业选择等都发生了翻天覆地的巨大变化，赋予了当代中国人新的主体地位，推动了具备时代特征的公益伦理精神的形成。

计划经济时期，国家宏观调控经济运行，生产资料主要通过国家进行计划分配，个人在经济运行中发挥的作用较小，缺乏对生产资料、消费资料的支配权，劳动者生产产品的数量由国家规定，消费产品也由国家进行宏观调控，劳动者个人没有选择的权利，也没有决定自身消费水平的权利，因而在生产的过程中人们缺乏积极性，人的主体性的活力难以得到激发。计划经济时期因为国家基本上对所有资源进行调控分配，包括人才资源的分配，因而大部分人终身都生活在一定的单位中，具有相对固定的单一身份，一生中几乎只从事一种职业，人的发展空间是封闭的，个人的智慧、潜能、创新精神等都因受到组织结构、职业结构的固定而禁锢，缺乏外部的压力和推动力，个人对自身的生活失去主动性，人的发展出现了困境，同时也造成了人的发展的不公平性。人的能力、知识、技能等发展和创新缺乏相应的环境，缺乏完善的人才竞争和激励机制，人们缺乏积极性，社会发展丧失了最根本的精神动力，人的主体性地位被忽视，主体性精神难以得到正确的发挥。

在社会主义市场经济背景下，人对资源拥有支配权、分配权，生产积极性得到提升，人们依据自己的兴趣、爱好自主地选择参与人才的选拔竞争。在职业的选择和竞争的过程中起决定作用的是个体的能力水平，每个人都有公平的竞争机会，不再受到政治身份的限制，因而，人们会更加地注重后天的奋斗和努力。劳动力成为纯粹的商品，职业去掉了曾经的身份功能，仅成为谋生的渠道。人与人之间的差别主要体现为职业上的差别，职业差别与身份差别具有本质上的区别，身份差别是先天性的，职业差别是后天的。人的生存角色取向呈现多重化的角色趋势，每个人选择职业手段的渠道和能够选择的职业都呈现多样化的趋势，人们还可根据自己的需要和能力同时兼职多种职业，传统社会时期大多数人终身仅从事一个固定的工作，现代的人们根据需要进行职业选择，职业角色出现了易变性和交叉性的特征，赋予了人自由、独立和平等的精神。当代中国人生活在一个更加自由、平等、公平、正义的环境中，人们努力进取的意识愈加强烈，主体性地位得以确定，主体性的意义追寻得到多渠道的实现。

  社会主义市场经济的建立，使人们的生活方式发生了深刻的变化，人们对资源的享有转变成了名副其实的既在法律上拥有也在实际上能够支配，劳动者既是生产资料的主人又是生产资料的管理者，既是经济发展的受益者又是发展成果的享受者。人在社会中成为第一性的，而物退居到其次，每个人对社会资源的选择和利用建立在公平的竞争机制上，是否选取相应的社会资源取决于自己的能力和意愿，人与人之间的契约关系逐渐形成，人的主体性和独立性得到彰显。人的需求不断得以激发，需求层次不断提升，人克服困难的动力不断得到强化，促使人们不断改进劳动，提高劳动质量，从而使自身的能力和素质不断得以增强。人的地位在历史发展中逐渐"中心化"，人的个性得到张扬，人的主体人格得到尊重、主体地位得以提升、主体权利得到保证，人的独立、自主、创新、竞争等意识等不断增强，主体性得到了充分的体现。

（二）商品交换促使权利与责任的统一

  人是物质属性、精神属性和社会属性的统一体，在当代中国市场经济的深入转型中，人与人之间的交往愈加密切，市场经济运行中权利和责任思想的实践统一为当代中国公益伦理精神的兴起提供了必要条件。

关于权利与责任，马克思早就指出："一个人有责任不仅为自己本人，而且为每一个履行自己义务的人要求人权和公民权。没有无义务的权利，也没有无权利的义务。"① 黑格尔也指出："道德之所以是道德，全在于具有知道自己履行了责任这样一种意识。"②

社会主义市场经济在我国的深入转型，使商品交换过程中政府的角色从计划经济时期的管理者转向了引导者，人们获得了更多的自主权。市场经济运行中商品交换的前提是人们拥有产品的财产所有权，并且拥有对财产所有权进行支配的自由意志。交换的过程实际上就是商品的财产所有权转让的过程。契约的签订表明缔约双方根据各自的需求形成了共同的意志，共同意志表明交换双方认可各自的权利和义务，彼此各尽职责，各尽义务，在这样的签订过程中包含了一种权利和义务的关系，那就是需为自己决定的契约索取应当得到的权利，同时也应当付出契约中所规定。在这样的过程中首先体现了人们对自身拥有产品的财产所有权的认定，同时在交换的过程中，当按照签订的契约进行交换时，作为商品的拥有者我们应该有义务为交换对方提供相应的约定，也就是双方均有权利要求对方提供相应的义务，在人们自觉履行义务的过程中逐渐形成相应的责任感，从而促进社会主义市场经济运行中特有的权利与责任思想的实践统一。权利与义务的思想贯穿了整个商品交换的过程。市场交换，从表面上来看，是有形商品的交换，其实交换的是商品覆盖下的权利，是一种权利的转让，即所有权的让渡。与权利共生共存的则是义务，在获取他人商品的所有权时，应根据他人意志提供相应的商品和

---

① 马克思恩格斯全集：第16卷[M]. 北京：人民出版社，1965：16.
② [德]黑格尔. 精神现象学：下卷[M]. 贺麟，王玖兴，译. 北京：商务印书馆，1978：168.

服务。由此,在社会主义市场经济的运行中,商品交换的前提是人与人之间在相互平等的地位上达成了契约,契约的签订也是双方的自由意志的展现过程,契约的内容是人们在平等的前提下,通过自己自由意志的决定,最终达成的。社会主义市场经济运行中商品的交换、契约的签订使人与人之间的交往愈加密切,每个人在市场交换中的行动都会直接或间接地影响到他人,影响到整个经济秩序的良性发展,因此,每个人在市场经济运行中的行为规范都应当建立在对自己、对他人、对市场的责任意识基础之上,责任意识使每个人协调自己的行为与他人更好地交往并达成相互的目的。市场经济的更好发展需建立在友好和谐的人际关系之上,建立在人们相互之间较强的责任感之上,因此,责任意识是人们形成良好人际关系的基础,是市场经济中道德形成的内在依据和重要基础,责任意识与道德形成相互依存。商品交换过程中,每个人维护自己平等的交易地位和交换应得到的所有权是获取权利的体现,同时尊重交换对方的平等的自由的交易地位和对方应得到的正当利益也是应尽的义务。权利和义务是一对孪生兄弟,获取权利的同时也应当承担应尽的义务。当前我国市场经济的转型,使当代中国人享有高度的自由和权利,但也为之提出了相应的义务和责任。除了在商业贸易领域体现权利与责任的思想,其他领域对此思想也是高度认同,如企业为消费者提供符合标准的产品,每个公民对国家纳税、保护环境等都是我们应尽的义务。

当代大学生思想和行为规范培育的目的是把当代大学生培育成具备对国家、对社会、对自己有高度责任感的栋梁之材,在他们的思想和行为规范中有着自己作为国家的一员应承担义务的自觉认同、积极回应和内心自律,展现出对道德义务的理性遵循。当代大学生思想和行为规范培育体现了每一个公民为实现共同体利益有可能承担一定的负担和牺牲，这就需要以社会责任来限制当代大学生的自由权，公民负有满足这一要求的义务。这就需要在责任意识的引导下使每一个大学生正确行使自己的权利，以对国家发展尽责、奉献的精神承担对公共事务、国家利益关心与维护的义务。商品交换过程中所体现的义务的升华形成社会责任感，而这样的社会责任感对当代大学生思想和行为规范培育是一个不可缺少的重要条件。商品交换中包含了权利与义务、自由与责任的价值追求，与当代大学生思想和行为规范培育是统一的，因而成了当代大学生思想和行为规范培育的前提。

（三）契约精神引导公益理性价值观的形成

契约签订的前提是双方各自都具有自由的意志，不是在遭受外力的干扰和强迫下的签订，在这样的自由意志的支配下，双方根据自己的需要选择签订契约的对象，每个人都以获取对方的所有权为目的，因此自己的所有权也成为对方的目的，这就出现了两个具有自由意志的个体间的交换关系。契约双方交换的前提条件是具有自由意志，即有权对自己的财产或使用权等进行任意处置，并且双方的自由意志达成一致意见时，契约才能签订成立，相互交换所有权才能成功。

社会主义市场经济是公有制为基础，市场对资源配置起决定性作用的经济体制，经济利润作为生产和投资决算中的指导力量，居于支配地位，生产过程中的产品、劳动、知识、资本和产权实现商品化。商品交换遵守等价交换原则和自愿交换原则，卖者和买者之间遵循有支出就有回报的等价补偿原则，市场价格是在生产者、消费者、生产要素的所有者等各方的意愿之下通过协商形成。在这样的运行环境下，经济行为主体必须把追求自身利益的愿望与另一方的利益结合起来，不仅要关心自己的支出所应得到的回报，还应该使他人的支出也得到相应的回报，真正实现自己的利益所求。马克思分析说："一切产品和活动转化为交换价值……每个人的生产，依赖于其他一切人的生产；同样，他的产品转化为他本人的生活资料，也要依赖于其他一切人的消费。"① 商品的交换与契约签订的过程中，不同意志的交换双方，为了实现各自的目的，既要致力于自己目的的实现，又要考虑交换对方目的的实现，只有双方能彼此兼顾，协议才能达成，契约才能签订。

社会主义市场经济的运行方式抛弃了计划经济中过多的人为因素，运行过程中劳动产品交换双方都通过契约的方式达成一致意见，使各方的利益都能实现，人的主体性地位得到了高度的提升，物质利益的个人需求也得到了合理的满足。劳动者生产产品的目的是想通过交换实现其使用价值，以达到提高劳动者消费水平和获得更多产品的目的，因而要生产更多适合市场的产品，这些产品既要使自己的利益需求实现，又要符合市场的需要。这样的经济运行方式，是人们根据消费现象及他人的需要决定生产计划，人们相互之间交换的内容、水平和潜在的需求等综合因素成为商品生产的主导因素，因此，交换各方形成了一个共同利益体，各方的利益只有在彼此认同的契约下才能实现。每个人都为了追求和满足自我正当利益的最大化，自觉按照理性的法则去努力奋斗，市场运行中的人与人之间达成了相互统一的契约关系，理性地看待双方的利益，期望达到互利共赢的结果，真正实现自己的利益。这体现了市场经济环境下人与人之间竞争的开放性和平等性。商品交换过程中人的主体性地位的确立、契约精神的达成、健全有序的法治社会，使人与人之间

---

① 马克思恩格斯全集：第46卷·上［M］．北京：人民出版社，1979：102.

达成了相互统一的契约关系，每个人虽然坚持个体物质利益原则，但买卖双方又不能不把对方当作自己的目的，以期达到互利共赢的结果，于是也就形成了利他的客观基础，建立在利益取向下不得不为之的他律逐渐转化为道德约束。当人们把市场运行的法律、法规、制度、规范、行为准则内化为自己的自觉要求的时候，非道德的他律性就转化为道德的自律性了，理性的价值观也逐渐形成。

黑格尔指出人唯有在所有权中才是作为理性而存在的。当前我国逐渐转型的社会主义市场经济体制中所包含的契约关系逐渐形成，每个人在满足自己愿望的同时也需顾及别人利益的实现，必须以一种理性的精神看待自己的需求，这样的需求的实现与别人的需求形成了利益的共同体，这一运行方式促进了社会主义市场经济体制下人的理性价值观的形成。"每个人都知道社会的普遍繁荣与他们本身的幸福是一致的，每个人都习惯于把社会的繁荣看作自己的劳动成果，每个人都认为公共的财富也有他们的一份，并愿意为国家的富强而效劳"①，这为当代大学生思想和行为规范培育创造了必要条件。

二、政治体制改革为当代大学生思想与行为规范培育培育提供了制度支撑

政治体制改革是当前我国推进社会发展，建构和谐社会的重要措施之一。政治体制改革的目标是建构一个公平法治、互相帮助的和谐友爱的社会，这样的目标与当代大学生思想和行为规范培育目标是内在统一的，其为当代大学生思想和行为规范的培育提供了正确的政治导向，建

---

① [法]托克维尔. 论美国的民主 [M]. 北京：商务印书馆，1992：271.

构了合理的管理机制。

（一）共同富裕指引当代大学生思想和行为规范培育的目标

中国共产党是一个立党为公、执政为民，为人民大众谋利益的政党。在其实践的过程中，坚持社会主义基本原则，带领广大人民先富带动后富，最终实现共同富裕，是中国共产党始终不变的努力方向和奋斗目标。共同富裕不是实行平均主义，也不是劫富济贫，而是先富带动后富，最终实现共同富裕，这其中就显示先富之人应该具有助人为乐、互相帮助的思想，以及积极奉献精神，这为当代大学生思想和行为规范培育指引了正确的政治方向。

正是在这一思想的指导下，中国共产党带领中国人民不仅进行了社会主义市场经济的改革，还进行了民主法治的政治体制改革。因为在一部分人先富的情况下，应该以民主法治作为保障，才能实现公平正义，实现共同富裕的目标。这也是社会主义和谐社会其他方面内涵得以形成和发展的政治前提和法治保障，是我们建设社会主义和谐社会的政治前提和法治保障。民主也是人类政治文明程度的直接体现和考量标准，民主是人类梦寐以求的一种良好政治状态。民主与法治的改革目标为公益伦理精神的培育提供了良好政治体制环境，邓小平曾指出："制度好可以使坏人无法任意横行，制度不好使好人无法充分做好事，甚至会走向反面。"[①] 民主法治的政治体制改革以共同富裕为目标，努力实现社会公平正义为当代大学生思想和行为规范的培育提供了一个既激发活力又时时规范自身的良好政治体制环境，使其在正确的引导下不断发展进步。

---

① 邓小平文选：第2卷［M］．北京：人民出版社，1994：322．

实现公平正义就是要使社会各阶层的利益都能够得到实现,以共同富裕为目标,贫富差距不能过大,社会矛盾能够有效化解。社会矛盾产生最根本的原因是利益,只有妥善协调好社会各个阶层、群体的利益关系才能实现社会的公平正义。中国共产党作为我国的执政党,党的宗旨和性质客观上要求党的各项工作和所有的方针政策都是以大多数人民的切身利益为工作的出发点,以实现大多数人民群众的利益为工作目标。十八大报告明确指出初次分配和再分配都要兼顾效率和公平,再分配更加注重公平。在初次分配机制中的资本、管理、技术等相关要素是以贡献为标准进行分配,但在这一过程中形成的收入差距及其他不公平现象应该尽快以税收、社保等方式进行再分配,深化企业和机关事业单位制度改革,推行企业收入分配秩序,对各阶层人民的合法收入应给予法律的保障,对因自然原因影响而收入较低的人群,应给予扶持和帮助,对收入过高的阶层,应通过国家经济政策等各种方式进行调节,坚决取消和打击不合法收入。政治体制改革的目标与公益伦理精神的目标有内在一致性,这样的目标设定体现了中国共产党以人民群众切身利益的实现为出发点,以共同富裕为最终目标,努力实现民主法治、公平正义的和谐社会。这一政治体制的改革坚持走共同富裕道路,健全基本公共服务体系,加强和创新社会管理,为当代大学生思想和行为规范培育提供了正确政治导向和制度支撑。

弱势群体不仅是社会不公的受害者,同时又是新一轮社会不公的诱因之一。公益伦理精神的培育在这样的政治制度支撑下,以公益活动为实践,转移社会财富和资源给予需要救助的群体,促进国民收入进行再分配,在一定程度上缓解社会收入差距,调整贫富差距,更进一步地解决人们的生存权和发展权,努力从根本上解决社会公正缺失问题,促进社会健康和谐发展。共同富裕的目标还引导公益伦理精神遵循利他主义和人道主义的价值理念，维护社会弱势群体的利益、社会整体利益乃至全人类的利益，使更多的人致力于社会公益性事业，关注那些被政府忽略的重大社会问题，如消除贫困、保护环境、实施人道主义救援等。当代大学生思想和行为规范培育使大学生逐渐形成对国家、社会高度的社会责任感，形成对国家、民族的共同目标和对国家利益、集体利益的认同，更加追求社会的公平和公正，奉行利他和集体主义精神，树立起使命意识，以利于政治制度的稳固。

（二）社会治理促进当代大学生思想和行为规范多元化培育载体的形成

政府的工作理念从传统的"社会管理"转向了"社会治理"，"社会治理"成了政府在处理社会公共事务中的核心理念。这就打破了传统的培育大学生思想和行为规范的平台，如学校、家庭等。大学生通过各种各样的社会平台参与公共活动，在这些活动中他们可以更好地形成集体主义精神，并将之凝练于他们的思想和行为规范之中。2013年11月十八届三中全会通过《中共中央关于全面深化改革若干重大问题的决定》，在这一决定中，中国共产党全方位开启了新一轮的改革，提出要进行社会领域的改革，这一改革应以保障和改善民生为目标，通过深化社会体制改革，改革社会分配制度，更进一步实现公平正义，促进共同富裕。特别指出，在社会领域进行制度创新，应使各领域各阶层都能均等地享受公共服务，形成科学有效的社会治理体制。这一决定的出台标志着我国政治体制改革中的社会建设与社会改革工作有了全新的方向。公共事务的实践部门管理向治理的转变，也给当代大学生思想和行为规范实践活动的开展带来了质的转变。从"社会管理"到"社会治理",一字之差,却体现了政府促进社会协同参与公共事务的政策结构。"管理"体现的是公权力对社会事务的全面掌管及对公共资源分配的绝对处置权;而"治理"更多地体现了政府、社会组织、公民等多元主体平等参与社会事务和对公共资源分配的协同合作。从社会管理转向社会治理,表明了各类社会组织将成为公共物品与服务的提供者与维护者,在更深层次上,公共组织作为社会组织的重要组成部分将成为社会治理的重要主体。社会体制改革的这一理念转型,对释放社会组织的能量具有非常重大的意义。政治体制改革中社会组织的管理方式的转变,重新建构了公益组织管理机制,使政府部门与公益组织形成了良好的建设性关系。政府在对社会组织的管理上不再是全能政府,而是转变角色,成为有限政府,不再大包大揽,社会在公共利益的实现和公共服务的提供方面将会扮演重要的角色,发挥更加重要的作用,这就激发了公共组织更多的内在活力,促进了当代大学生思想和行为规范多元化培育载体的形成。

(三)协商民主拓宽当代大学生思想和行为规范的培育渠道

当代大学生思想和行为规范的培育需要通过公益实践才能形成,因此,积极参与公共活动是培育当代大学生思想和行为规范的实现途径。中国政治体制改革中协商民主的具体实践,为当代大学生思想和行为规范的培育提供了多渠道的实践方式,促进了当代大学生思想和行为规范的培育。协商民主是中国共产党不断追求政治民主的最新实践,各阶层人民拥有了更加便捷的参政渠道,国家、社会组织与人民建构了更加民主的关系,这一政策的实施是建立在承认各阶层人民之间的差异性和多元性之上,以人民大众之间的公共理性和相互信任为基础的,通过对话协商的方式,坚持以兼容的原则协调人民大众的利益矛盾,最终达到更好的新型民主形态。

　　政治协商制度是我国的一项基本政治制度。政治协商和协商民主都是民主协商制度的具体体现。中国共产党是代表广大人民利益的政党，因此在其执政中坚决以民主协商的原则对国家的经济和政治重大问题及关系人民切身利益的问题进行协商，发扬民主，听取各阶层人民的意见和建议。1991年江泽民同志首次在"两会"的中共党员负责人会议上提出了社会主义民主应通过协商民主的方式，即应通过广大人民群众选举和投票的方式以及充分协商的方式来实现，要保障人民参政议政的权利，使各阶层人民都能表达他们的诉求，最终形成一致意见。2006年中共中央在《关于加强人民政协工作的意见》中再一次重申了这一思想。2007年国务院颁布的《中国的政党制度》中正式指出，社会主义民主是通过选举民主和协商民主相结合的方式来实现的。2012年中国共产党在十八大报告中提出了社会主义协商民主制度，对协商民主制度从国家层面上进行了正式确立，并在其后的十八届三中全会上进行了部署，力争协商主体的广泛，使这一制度真正能够体现民主的思想。协商民主包括社会不同阶层不同领域的群众，能够体现各阶层人民的利益诉求，社会组织也成了协商主体的重要组成部分。协商民主与政治协商相比进一步拓宽了协商的渠道，政治协商一般局限于执政党和参政党通过人民政协的渠道同各党派团体和各族各界代表人士的协商，主要协商国家的方针、政策等。但协商民主不仅包括国家机关、各级政协组织，还包含社会组织、基层组织等，作为培育当代大学生思想和行为规范主要承担者的公共组织实现了更好更直接地表达愿望。协商民主在形式上更加多样化，如行政协商、社会协商等，使社会组织更好地发展壮大，拓宽了公益实践的渠道。协商民主不仅协商国家大政方针，还关注许多具体的人民群众切身利益的问题。由此可以看出,协商民主使协商主体出现了多样化的趋势,社会组织也成为国家政策决定过程中协商的一个重要主体,因此,在有关公益的各项政策决策时,因为社会组织的参与,将会使政策的决定更加符合当前的实际需要,使之能更好地促进公益伦理精神的培育。《中共中央关于全面深化改革若干重大问题的决定》提出,要正确处理政府和社会之间的关系,推进政社分离,明确社会组织的权利和责任,在一定范围内实行自治,充分发挥社会组织的作用,激发社会组织的活力。协商民主激发了大学生参与社会领域实践的积极性,为大学生积极参与社会公共活动创造了各种渠道和平台。科恩指出"理想的公共协商应该遵循自由、平等、理性与合法性的原则……协商是理性的……协商目标是实现理想性驱动的共识……"[①]

协商民主的形成和发展建立在人民积极参与国家事务的基础之上,因而协商民主的践行促进了各种各样的社会组织,如公益基金会、志愿者服务组织、慈善机构的建立,为他们提供了有效、便捷的实践通道,并给予了充分的肯定和政策上的引导。协商民主激发了各阶层人民参加公共事务的积极性,提高了人民参与公共事务的能力,培养了人民独立思考、理性批判的能力,有助于人民民主与法制观念的形成。公益组织在协商民主的制度支持下,正确有效地表达人们的利益需求和愿望,不断激发活力,提升了人民参加公益活动的积极性,同时拓宽了公益伦理精神的培育渠道。协商民主使政府和社会领域形成了新型的合作关系,不再是传统的上级和下级的关系,通过协商、对话与合作开展社会公共事务工作,在公共治理的过程中建立了包容、平等、自由的话语机制,形成了

---

① 陶文昭. 协商式民主的中国视角 [J]. 学术界, 2006 (5).

社会成员广泛接受的共识，为当代大学生思想和行为规范培育的社会组织与政治组织相结合提供了良好的民主模式，拓宽了当代大学生思想和行为规范实践的渠道，使越来越多的大学生积极地投入到社会公共活动中，如此国家利益、民族精神才能得以形成，他们的思想和行为才能得以规范。

三、和谐生态文化为当代大学生思想与行为规范培育创造了良好氛围

文化是有意识的人类活动，是人在历史发展过程中的印记，文化是人的特性，文化使世界成为人的世界，使自然现象有了人的意义，文化与人相互界定、互为前提、相互建构。人在实践活动中逐步地通过有意识的活动，使自然界不断染上人的实践的印记，人的内在也在不断地进行人化，即人在改造自然的同时也在改造自身，在这一过程中，不断地创造出人的意义或价值的精神世界，把每人与人、人与自然紧密地联系起来，以这样的意义和价值为中心建构人类的观念、制度、生活方式等。当代大学生思想和行为规范培育及形成不仅受到社会经济、政治的影响，更主要的是受到文化的影响和制约，我国中华优秀传统文化、社会主义先进文化和优秀外来文化构成的和谐文化生态为当代大学生思想和行为规范培育创造了良好的氛围。

（一）中华优秀传统文化为当代大学生思想与行为规范培育提供精神传承

文化提供了物质与符号工具，人类正是通过文化去适应他们所处的生态环境与社会环境并建构关于世界与自我的观念的。也就是说，遗传信息与文化信息交织在一起共同形成人的心理发展过程。文化是人的本质特征，人的存在不仅是一种生物存在，更是一种文化历史存在。仁、

义、礼、智、信等思想一直存在于人类不断发展的历史过程中，是社会进步的一种标志，也是推动社会发展走向和谐的重要力量，更是规范着从古至今的人们的思想和行为。因此，中国优秀传统文化为当代大学生思想与行为规范培育提供了精神上的传承和延续，我们应该大力弘扬中华优秀传统文化。

文化是一种行为模式，是一种心理积淀。中国几千年的文化发展历史中，仁、义、礼、智、信精神一直伴随其中。"恩被于物、慈爱于人""老其老、慈其幼、长其孤"[1]，论述了慈爱、仁慈、良善的表现。以孔子为代表的儒家思想、以老子为代表的道家思想和佛教思想是中国古代传统文化的重要组成部分，其中的核心思想仍然是引领人们互帮互助、诚信慈善、济世博爱。如孔子的"仁者爱人"思想、孟子"老吾老以及人之老，幼吾幼以及人之幼"的主张、管仲的"仓廪实而知礼节，衣食足而知荣辱"的论述，以及老子的"我有三宝，持而保之，一曰慈，二曰俭，三曰不敢为天下先"。人是社会属性、物质属性和精神属性的产物，不仅有物质上的需求，也有精神上的追求。中国传统文化体现了利他主义价值观和无私奉献的精神追求，指导了中国传统社会的道德规范，调节着人与人之间的社会关系。中华民族有着优秀的传统文化，是一个勤劳、善良和智慧的民族。中国传统文化中所蕴含的赈灾济困、养老慈幼、乐善好施的思想影响着传统社会人们的行为规范，是中华民族的传统美德，蕴含于诸子百家的慈善思想体系中，对中华民族的团结、文明和进步起到了重要的作用，亦是当代公益伦理精神的精髓。

---

[1] 胡发贵. 论慈善的道德精神 [J]. 学海，2006 (3).

传统文化是一个民族的血脉情感之所系，是一个民族精神家园的重要载体和基本组成部分。中国传统文化历史悠久，曾经辉煌灿烂，也曾经充满艰辛，存留给当今中华儿女的优秀文化遗产，凝聚了前辈们的心血与汗水，弥足珍贵。传统文化致广大而尽精微，历久弥新，孕育出了自强不息、厚德载物的民族精神，虽历经沧桑，但百折不挠，至今仍屹立于世界东方。全球化背景下各国之间的竞争领域逐渐扩展，竞争程度也日益激烈。中国传统文化经过数千年的积淀和发展已深深融入中华民族的血脉之中，成为中华民族共同的精神食粮和中华文明特有的文化基因。中华民族五千年文明史留下了极为丰富的公益文化遗产，是悠久民族的历史见证，也是文化延绵和传承的重要载体。当然，传统文化在其形成和发展过程中，难免会受不同时代的时代条件、社会制度等制约，不可避免会有些与当时的现实环境不相适应的因素。当代大学生思想和行为规范培育积极吸纳了中国传统文化中的有益成分，并且在现代培育过程中发展创新，结合时代发展的要求进行提炼，挖掘符合时代发展要求的内容并汲取其合理的思想内核，给自身赋予了新的时代内涵。

人在实践活动中创造了文化，同时又"以文化为工具去适应他们所处的生态环境与社会环境，并建构起关于世界与自我的观念"。[①] 文化的历史发展过程就是人的心理的"人化"过程。中华优秀传统文化中扶弱济贫、无私奉献的精神内涵使中华民族形成了历史悠久的慈善精神，这一优秀文化为当代大学生思想和行为规范培育提供了精神土壤。

（二）社会主义先进文化为公益伦理精神培育提供精神主导

社会主义先进文化来源于中国革命文化。中国革命文化来源于中国

---

① [法]爱弥儿·涂尔干. 道德教育 [M]. 陈光金，沈杰，朱谐汉，译. 上海：上海人民出版社，2001：49.

现代百年革命战争的现实历史。20世纪初，随着新文化运动的开展，马克思主义文化理论的种子漂洋过海撒落在中国广阔的大地上，逐渐开始发芽、成长。中国共产党将马克思主义基本原理同中国革命具体实践相结合，运用马克思主义的立场、观点和方法解决了现代中国革命的问题。中国革命文化积极主动而又慎重地应对来自各种不同文化领域的严峻挑战，对革命具体实践中遇到的新问题作出新的判断和选择，形成了中国革命文化精神。中国革命文化的形成过程，是符合客观现实的发展的。深刻总结中国百年革命文化发展的实践历程及其规律，是非常有价值的。中国百年革命文化是马克思主义理论在中国革命时期的新探索。马克思主义理论在中国人民进行革命的实践中起到了引领作用。马克思主义理论蕴含着一种既能包容其他几种文化理论，又能在更加宽阔的视野中理解文化的社会历史方位和作用的文化理论，在文化理解上实现了创新和突破。"建立在新唯物主义基础上的文化观必然是群众性的马克思主义文化观，其目的是为了实现包括无产阶级在内的广大人民群众的精神解放。"[①] 马克思主义认为文化是为绝大多数人民群众服务的。一个国家或民族如果没有共同的文化，没有统一的民族精神，就没有共同的理想和目标，这个国家就不可能屹立于世界民族之林。所以，马克思主义文化观根植于社会实践中，又以实现人的自由全面发展为目标。中国革命是以马克思主义为指导，以历史唯物主义贯穿始终，坚持共产主义理想信念，充分发挥人民群众在革命实践中的重要作用的科学革命。这一现实历史的实践活动表现了中国共产党不断完善自我，积极开展对外交流与合作，始终坚持百花齐放、百家争鸣的开拓创新态度，彰显了

[①] 牟成文. 论马克思文化观的本质[J]. 社会科学研究，2013 (6).

中华文化的价值魅力，是社会主义先进文化形成的来源。

　　社会主义先进文化是中国共产党以马克思主义思想为指导，以培养"四有"新人为目标，面向世界，面向未来，面向现代化的民族的、科学的、大众的文化。它是中国共产党带领中国人民在革命、实践和改革的历程中经过实践检验而形成的，是我国在多元文化背景下的主导文化。文化作为人类本质活动的对象化或对象化的人的本质活动，是主客体"为我关系"过程的桥梁和纽带，也是"为我关系"的结果。文化的作用表现在文化对客体的作用和文化对主体的作用两个方面。文化对客体的作用体现为客体主体化，也就是通过人的文化实践活动，使原本的认识不断创新和超越，赋予事物新的内涵。文化对主体的作用体现为主体客体化和主体间化，主体客体化是把人的意识和精神以制度、思想等文化形式保留下来，使之为后人所了解和继承，对历史的发展产生影响。主体间化则是指一个主体通过风俗、习惯、价值观等文化形式与其他主体进行交往和互动，相互影响、相互促进。

　　当代大学生思想和行为规范培育实际上是对人们价值观的一种积极引导，是调整大学生对国家、社会、他人态度的活动，因而它的培育和形成需要在一种先进文化的指引下才能完成。随着我国改革开放的深入、科技的创新、网络的快速发展，西方各式各样的文化涌入我国，形成了西方文化与中华文化碰撞、交流、交融、交锋的局面。多元文化导致了价值观的混乱，思想意识出现多元多样多变的新特点。西方敌对势力一直企图瓦解我国的意识形态，通过思想领域进行西方意识形态的渗透，通过文化的入侵实现分化是他们的长期计划。在文化背景复杂多样的情况下，当代大学生思想和行为规范培育，只有牢固地建立在先进文化和科学价值观的基础之上，才能形成符合国家和社会需求的思想和行为规范。

社会主义先进文化是以马列主义、毛泽东思想、邓小平理论、"三个代表"重要思想、科学发展观、习近平新时代中国特色社会主义思想为指导的先进文化。这一先进文化是面向未来、面向世界、面向现代化形成的科学、民主、大众的先进文化。这一先进文化以形成富强、民主、文明、和谐；自由、平等、公正、法治；爱国、敬业、诚信、友善的社会主义核心价值观为目标，也为当代大学生的思想和行为规范培育提供了价值引导。

文化展现的是人们的生活和生存方式，是人的实践活动的创造物，同时又影响着人的思维方式、精神境界的提升以及社会文明程度的提升。但是，文化也有先进文化和落后文化之分。先进文化能够在实践中创造和发展生产力，能够推动社会进步，促进人的全面发展，增进经济、政治、社会的协调发展，实现民族性、科学性和大众性的统一，塑造符合时代发展的价值理念和行为方式。落后文化则会阻碍社会进步，降低社会的文明程度，对文化发生产生不利影响。社会主义文化是中国共产党在实践中检验形成的优秀文化，是对马克思主义的继承和创新，是植根于中华优秀传统文化的先进文化，其中蕴含的公平正义、自由平等、积极奉献的价值观形成了当代中国人民积极向上，努力实现社会进步、人的进步发展的时代精神。社会主义先进文化为当代大学生思想和行为规范培育提供了有力的精神指导。

第四章

培育当代大学生马克思主义信仰

第一节 马克思主义信仰的价值体现

信仰是主体对某一理论的高度认同、信奉上升到精神层面，表现为超越现实、超越自我，追求最高价值的自我意识。这种信仰是一种精神向往，它支配着人的行为，决定着人的发展方向。当代大学生是祖国的未来，民族的希望，对大学生进行马克思主义信仰教育是发展中国特色社会主义道路所需、人民所求，教育的目的是使大学生在经济全球化、文化多元化和网络信息技术普及化的时代背景下能够树立正确的信仰。

马克思主义信仰主要是指马克思主义吸收了人类一切文明成果，揭示了人类发展规律，为实现人的全面发展指明了方向，最终目的是解放全人类。马克思主义本身不是信仰。但是，马克思基本原理与中国文化完美融合，实现了精神与现实、世俗与超越的有机统一，形成了中国特色社会主义理论体系，作为当今中国的指导思想，带领着中国人民不断创造辉煌的成就。中国共产党选择马克思主义作为指导思想，不是盲目迷信，而是当代中国社会发展规律的必然选择，是一种理性的选择。

马克思主义既是科学，又是信仰。作为科学，它揭示了事物发展的规律，是人们认识和改造自然、社会和人自身的强大思想武器；作为信仰，它是人们对马克思主义的信奉和自觉追求，是无产阶级认识世界和改造世界的精神支柱和奋斗旗帜。当代大学生是社会主义事业的建设者和接班人，他们能否确立马克思主义信仰或确立程度如何，将对我国社会主义现代化建设事业产生深远影响。因此，对大学生进行马克思主义信仰教育，引导他们做坚定的马克思主义信仰者，不仅是重要的现实问题，也是长远的战略问题。当代大学生马克思主义信仰教育是一项复杂的系统工程，具体从以下几个方面来诠释。

一、马克思主义信仰是科学的信仰

马克思主义信仰是科学的信仰表现在以下几方面。首先，马克思主义本身有着科学的基础和来源。列宁说："马克思学说是人类19世纪所创造的优秀成果——德国的哲学、英国的政治经济学和法国的社会主义的当然继承者。"[1] 马克思主义是欧洲整个历史科学、经济科学和哲学的最高发展，是人类文明的结晶和升华。其次，马克思主义是科学的世界观。马克思主义以辩证唯物主义和历史唯物主义理论为基础，按世界的本来面目来认识世界，最终达到改造物质世界的目的。列宁说："马克思主义学说具有无限力量，就是因为它正确，它完备而严密，它给人们提供了决不同于任何迷信、任何反动势力、任何资产阶级所做的辩护和妥协的完整的世界观。"[2] 最后，马克思主义信仰是理性的信仰。马

---

[1] 列宁选集：第2卷[M]. 北京：人民出版社，1995：310.
[2] 列宁选集：第2卷[M]. 北京：人民出版社，1995：309.

克思主义信仰是以马克思主义对人类历史规律尤其是资本主义运动规律的科学研究和解释为基础的。马克思主义对资本主义的批判，不是一种纯粹道义上的谴责和语言上的诅咒，而是一种理性、冷静、客观的剖析。

马克思主义宣告资本主义必然被社会主义代替，也不是仅基于对无产阶级的同情和道义上的义愤，而是对资本主义产生、发展和灭亡的客观规律的揭示和把握。尽管马克思主义诞生以来，人类社会已经发生了翻天覆地的变化，但时代主题的变化与我国社会的发展并没有否定马克思主义的科学性。此外，马克思主义信仰的科学性还在于它的发展性。马克思主义具有与时俱进的理论品质，它把继承与变革有机地结合在一起，在向客观真理接近的过程中，不断地自我更新、自我完善，从毛泽东思想到中国特色社会主义理论体系，都是马克思主义在中国革命和建设不同时期的具体体现。

马克思主义信仰的科学性表明，大学生只有透彻地理解和把握马克思主义理论，才能将其信仰建立在科学的、先进的、可靠的基础之上。然而现实的情况是，部分大学生对马克思主义知之甚少，或对马克思主义一知半解，根本没有掌握马克思主义的精髓，不能领会马克思主义的精神实质。因此，当代大学生的马克思主义信仰教育，应该为当代大学生提供科学的理论，为其奠定坚实的理论功底，提供科学的思维方式。当代大学生只有掌握了马克思主义理论并对之深信不疑，他们才会在解决实际问题的过程中自觉运用马克思主义的立场、观点和方法，自觉践行马克思主义信仰，体验信仰马克思主义的意义与价值，增强实践马克思主义信仰的信心，将马克思主义理论内化为信念并转化为信仰。简言之，马克思主义信仰教育是对当代大学生进行马克思主义理论、观点和方法的教育，是确立马克思主义信仰的深层依据，信仰教育应为大学生奠定坚实的理论功底并提供科学思维方式。

二、马克思主义信仰是现实的信仰

中国革命胜利和中国特色社会主义所取得的伟大成就是确立马克思主义信仰的客观基础，信仰教育应为大学生提供宏大的历史视野和深沉的时代情怀。马克思主义信仰是现实的信仰。首先，马克思主义信仰不像宗教那样将世界划分为尘世和来世，把理想寄托于天堂乐土，以此来强调一种虚幻的、自欺欺人的安慰和自我麻醉，而是强调对现实世界的科学分析，并通过这种分析作出科学的预测，为人类指出了共产主义这个远大目标和理想，激励人们为之奋斗。因而其精神价值是一种现实的、催人奋斗的力量。其次，马克思主义信仰是无产阶级现实斗争的需要。无产阶级作为历史上最先进的生产力的代表，是最进步、最革命、最有前途的阶级，它的历史地位和历史使命要求以科学的理论来指导，按照世界的本来面目去认识世界，并严格地按照客观规律去改造世界。而马克思主义信仰为无产阶级提供了一种科学的世界观和方法论。不但如此，马克思主义信仰还为无产阶级完成其历史使命指明了道路，展示了共产主义的美好前景，激励着广大无产阶级为实现人类的最终目标而奋斗。最后，马克思主义信仰讲求现实的利益。马克思主义信仰与以往任何信仰有一个根本不同，即过去的信仰都否认物质利益和尘世利益，否认个人的享受；而马克思主义信仰则把自己建立在物质利益基础上，强调无产阶级在现实斗争中的利益。

马克思主义信仰的现实性，揭示了马克思主义信仰的确立依赖于对现实的真切关照。马克思主义从来不是为了"把新的科学成就写成厚厚的书，只向学术界吐露"①，而是深入到政治运动中，运用这门科学理论去教育和唤醒广大无产阶级，使之联合起来推翻资本主义压迫，从而解放全人类。如果不把科学理论在著作中发挥出来，"人们就仍然不会真正清醒，多数人都得盲目摸索"②。所以，判断一种信仰价值的关键取决于它是否提出或解决了当时最重要的实际问题。中国共产党人在长期的革命和建设实践中，坚持把马克思主义的基本原理同中国革命、建设和改革的具体实践相结合，创立了毛泽东思想和中国特色社会主义理论体系等一系列理论成果，生动而具体地坚持和发展了马克思主义，不断赋予了马克思主义新的鲜活力量。也正是人们对于马克思主义的信仰和不断实践，才使我国取得了革命胜利和社会主义建设的伟大成就，并由积弱积贫、任人宰割的旧中国，变成了充满生机和活力、为世界所瞩目的繁荣昌盛的新中国。正如邓小平所说："如果我们不是马克思主义者，没有对马克思主义的充分信仰，或者不是把马克思主义同中国的实际相结合，中国现在还会是四分五裂，没有独立，没有统一。对马克思主义的信仰，是中国革命胜利的一种精神力量。"③

　　因此，大学生马克思主义信仰教育，应从科学的社会主义运动的历史和现实出发，为大学生提供宏大的政治视野，引导大学生认识到中国革命的成功和现代化建设所取得的成就。民族的独立和人民的解放、国家的繁荣昌盛和全国各族人民的共同富裕，都是建立在把马克思主义的基本原理与中国的具体实际相结合之上的，要让大学生将社会主义的成就转化为情感上的共鸣，并升华为对马克思主义的坚定信念。

---

① 马克思恩格斯选集：第4卷 [M]．北京：人民出版社，1995：197．
② 马克思恩格斯选集：第4卷 [M]．北京：人民出版社，1995：6．
③ 邓小平文选：第3卷 [M]．北京：人民出版社，1993：63．

三、马克思主义信仰是崇高的信仰

马克思主义的终极理想和人文关怀是确立马克思主义信仰的精神动力,信仰教育应为大学生造就一种自觉追求和自强不息的奋斗精神。马克思主义信仰是崇高的信仰。首先,马克思主义把人和人类的最终解放作为无产阶级政党的伟大而崇高的历史使命。马克思主义把无产阶级政党提高到解放全人类的高度,从历史发展的必然性与无产阶级及其政党的应然性对无产阶级政党所具有的先进性作出了完美的阐释,使人们能够从无产阶级政党的一切作为中选择和确定自己的政治取向和价值目标,树立和坚定人类对自身生存与发展的信心,并同无产阶级的运动一起,构成历史发展的整合力量,去实现人类最美好的共产主义理想。马克思主义信仰自产生以来,已深入亿万无产阶级和先进人物的内心,引发了为人类解放而献身的崇高感情,创造了无数可歌可泣的崇高业绩,涌现出无数值得人们永久敬仰的英雄人物,这些都闪耀着马克思主义信仰的崇高光辉。

其次,马克思主义从"人始终是主体"这一基本原则出发,全面论述了人的需要、人的本性、人的本质以及人的全面发展的理论,并由此形成了马克思主义完整的人学思想及其方法论体系。在这个体系中,马克思主义所要解决的是一个对人和人类具有终极意义和终极价值的问题,即通过对人的生存与发展的现实世界的根本改造,最终达到对人的根本性改造,从而实现人的全面发展。马克思、恩格斯在《共产党宣言》中强调,"代替那存在着阶级和阶级对立的资产阶级旧社会的,将是这样一个联合体,在那里,每个人的自由发展是一切人的自由发展的条件"①。因此，人的发展问题、人的价值问题，是马克思主义信仰的精神实质所在。从马克思主义的整个理论体系来看，它从哲学、政治经济学和科学社会主义的角度，用一种批判的方式去对待任何现实和历史的社会条件（包括经济条件、政治条件和文化条件），并把对现实的改造与人类的命运联系起来，把人的全面发展置于历史的必然性之中。马克思主义信仰的崇高性体现和包含着对历史主体的终极关怀，它通过对人类前途与命运的关注，折射出对历史主体的人文情感。马克思主义信仰蕴含着深刻的、对人和人类生存与发展的关注，这也正是马克思主义信仰得以确立并广为接受的内源力量所在。

马克思主义信仰的崇高性，决定了马克思主义信仰教育必须把信仰教育与意情教育高度统一起来。② 在进行马克思主义信仰教育的过程中，一方面，要充分发挥马克思主义理论品质以及马克思主义者的个人人格魅力对受教育者思想政治品质形成与发展的影响和熏陶作用，切实增强马克思主义信仰教育的感染力。另一方面，要将马克思主义信仰关注人类前途与命运的崇高情感渗透进理论的讲解之中，以更好地达到理智—情感的心理结构的平衡，从而引导大学生形成信仰马克思主义的坚强意志，铸造自强不息的奋斗精神。

四、马克思主义信仰是践行的信仰

马克思主义的实践指向是确立马克思主义信仰的本质要求，信仰教育理应为大学生确立马克思主义信仰提供实践锻炼和自觉践行的平台。

---

① 马克思恩格斯选集：第1卷 [M]. 北京：人民出版社，1995：294.
② 王国银. 马克思主义信仰教育：高校思想政治教育的当代主题 [J]. 探索，2000(1)：64-66.

<<< 第四章 培育当代大学生马克思主义信仰

马克思主义信仰之所以是践行的信仰，这是因为马克思主义信仰不是一种虚幻的、自欺欺人的安慰和自我麻醉，而是一种认识世界和改造世界的科学信仰。马克思曾经在批判费尔巴哈旧哲学时指出："哲学家们只是用不同的方式解释世界，问题在于改变世界。"① 这表明马克思主义不是经院式的理论阐发，而是具有鲜明的实践指向性。马克思曾指出："人的思维是否具有客观的真理性，这不是一个理论的问题，而是一个实践的问题。人应该在实践中证明自己思维的真理性，即自己思维的现实性和力量，亦即自己思维的此岸性。"② "社会生活在本质上是实践的。凡是把理论导致神秘方面的神秘东西，都能在人的实践中以及对这个实践的理解中得到合理的解决。"③ 正是基于这种实践指向性，马克思主义不仅分析了资本主义社会的内在矛盾，科学地预见了资本主义必然灭亡和社会主义必然胜利的历史趋势，而且以实现无产阶级解放为己任。马克思主义信仰自产生以来，引导了亿万无产阶级和先进人物积极投入人类解放的伟大实践之中，创造了无数可歌可泣的崇高业绩，涌现出无数值得人们永久敬仰的英雄人物，这些都闪耀着践行马克思主义信仰的崇高光辉。

马克思主义信仰的践行性表明，马克思主义信仰不是通过纯粹的精神慰藉和理论推导确立的，而是将对象转化为活生生的实践，并在实践中得以确立的。因此，只有引导当代大学生参与实践活动，才能使其真正深刻认识和理解马克思主义信仰，也只有参与实践，才能不断增强其践行马克思主义信仰的能力。对当代大学生的马克思主义信仰教育，应

---

① 马克思恩格斯选集：第1卷 [M]．北京：人民出版社，1995：57.
② 马克思恩格斯选集：第1卷 [M]．北京：人民出版社，1995：58.
③ 马克思恩格斯选集：第1卷 [M]．北京：人民出版社，1995：60.

积极引入并强化大学生实践环节，为当代大学生提供自觉追求和实践锻炼的平台，帮助当代大学生在实践中升华对马克思主义的认识和情感，逐步培养践行马克思主义信仰的自觉性。并在实践中促使大学生运用马克思主义立场、观点和方法去认识、分析、解决问题，自觉践行马克思主义信仰。

第二节 当代大学生马克思主义信仰教育的价值和意义

中共中央《关于进一步加强和改进大学生思想政治教育的意见》指出："加强和改进大学生思想政治教育，提高大学生的思想政治素质，把他们培养成中国特色社会主义事业的建设者和合格接班人，对于全面实施科教兴国和人才强国战略，确保我国在激烈的国际竞争中始终立于不败之地，确保实现全面建设小康社会、加快推进社会主义现代化的宏伟目标，确保中国特色社会主义事业的兴旺发达、后继有人，具有重大而深远的战略意义。"马克思主义理论是社会主义核心价值体系的灵魂，是推动社会主义文化大发展大繁荣、建设社会主义文化强国的重要指导思想。面对世界多极化、经济全球化深入发展、科学技术日新月异、各种思想文化交流交融交锋更加频繁的历史新时期，把握当代大学生的信仰特点，提高马克思主义信仰教育的实效性，形成当代大学生高度的理论认同与信仰自觉，依然是摆在高校思想政治教育工作者面前的一个重要课题。

大学生的马克思主义信仰既关系到其个人的成长成才，同时还与国家的前途与整个社会的稳定发展息息相关，因此，应当注重培养大学生科学马克思主义信仰的树立，加强其对马克思主义的学习和认同，使其立场坚定地拥护党的领导，对中国特色社会主义建设充满信心，树立共产主义的远大理想。而从改革开放以来，由于外来文化与传统文化的交融与冲击，逐渐形成了多元文化的格局，影响了大学生政治观念的形成，其特征表现为思想极不稳定且带有很强的个人感情色彩，加之大学生的政治理想和现实之间的矛盾，这就不可避免地影响着大学生科学马克思主义信仰的树立。同时，由于大学生对政治的关心程度非常高，对社会的进程与发展具有强烈的责任感，并且对国家各种政治事件表现出极高的热情，特别是对一些重大的政治问题的关注，所以他们愿意发表个人对这些相应问题的政治态度和立场。由于大学生科学理论的学习并不充分，在看待这些政治问题上缺乏理性的思维，导致其在政治生活中忽视科学的理论，强调个人观点的倾向比较明显。

因此，本书以多元文化为背景，对当代大学生马克思主义信仰及其教育的状况进行了调查，希望可以通过找出其中存在的问题，分析其原因，探索解决问题的新方法，从而改进和加强大学生马克思主义信仰教育，减少多元文化对大学生产生的负面影响，消除其忽视理论学习的思维倾向，帮助其树立正确的马克思主义信仰，从而保证全面建成小康社会和社会主义现代化目标的顺利实现，这对国家的发展和高校思想政治教育工作的开展、实现中华民族的伟大复兴具有十分重要的意义。

一、对当代大学生进行马克思主义信仰教育是人类信仰活动本身的必然要求

马克思曾说过，"一个物种的全部特性、物种的类特性就在于生命活动的性质"。① 这一论断抽象而深刻。它表明了一个真理，即判断一个物种的存在方式就是看其生命活动的形式。人之所以区别于动物就在于能够制造和利用工具能动地改造客观世界，劳动或者说实践就是人的存在方式。在实践的主客体的相互作用过程中，人不断因感性刺激而思索，进而有所追求，开始关心未来，关怀社会生活的终极目的，追问人生的真正意义，信仰便产生了。信仰为人们的活动建构了一个确定的精神家园，设定了一个理想的社会模式和与之相关的行为准则、价值尺度和伦理规范，在精神领域为人们设定了一个终极目标，让人们去终生追求。信仰具有强大的力量，是应当的"应当"。一个人接受了某种信仰之后，其对人生意义的认识、对世界的看法及其价值取向都会持一种相对稳定的态度，并会自觉地运用到实践中去。邓小平在总结历史经验时曾说过，"为什么我们过去能在非常困难的情况下奋斗出来，战胜千难万险使革命胜利呢？就是我们有理想，有马克思主义信仰，有共产主义信念"。② 对当代大学生进行马克思主义信仰教育，帮助他们在种种诱惑和复杂多变的社会环境中作出正确的选择，帮助他们正确认识社会主义，认同人自由而全面发展的价值追求并把它内化为自己的人生目标去执着追求，才会对前途充满信心，坚定学习和生活的方向，为社会主义现代化建设作出应有的贡献，建设中国特色社会主义事业才有前途，才有未来。

---

① 赵曙林. 高校科学信仰教育的必要性及方法探索［J］. 山东文艺（学院派论坛），2006：87.
② 邓小平. 邓小平文选：第3卷［M］. 北京：人民出版社，1993：63.

二、对当代大学生进行马克思主义信仰教育是应对当前国内外环境的必然选择

当代大学生绝大多数都是"90 后",从国际上看,20 世纪八九十年代东欧剧变、苏联解体,社会主义国家被颜色革命,国际共产主义受到重创,而这一阶段正是我国改革开放进一步深入、国民经济快速发展的时期。随着中国特色社会主义市场经济体制的建立,社会的经济成分、组织形式、物质利益以及就业方式,较以往发生了很大的变化,趋向于多样化,人们的生活方式上的变化对人们的思想观念、价值信仰产生了很大的影响。随着经济全球化和改革开放的深化,信息技术的发展促使我国社会信息量剧增,信息获取也变得更加简单。不同制度、不同社会文化、不同价值和道德观念随意传播,互相碰撞、交错,社会意识呈现出多层次性和多样性等特点。这一方面是社会发展进步的表现,但同时其负面作用也影响着人们对主流价值观念的认同,尤其是对马克思主义信仰的认同。面对社会变革中出现的变化作为走在时代前沿群体的大学生,难免会受到影响。历史和现实告诉我们,大学生是各种信仰力量争夺的对象,马克思主义信仰不去占领,非马克思主义信仰就会占领。马克思主义信仰在过去是我们取得革命胜利的精神支柱,今天仍是我们建设中国特色社会主义的精神支柱,是我们战胜各种非科学信仰包括各种封建迷信和盲目崇拜的强大精神武器。我们必须认识到加强对大学生进行马克思主义信仰教育的重要性和紧迫性,帮助他们学会运用科学的理论来增强自身辨别真伪和抵制非科学信仰的能力,使他们树立正确的世界观、人生观、价值观,自觉投身到社会主义建设事业当中,成为社会主义基本道德规范的坚定遵循者和捍卫者。

三、对当代大学生进行马克思主义信仰教育是大学生自我发展的内在需求

当代大学生无论是生理还是心理都尚未成熟，从而决定了当代大学生的认知能力和思维水平不高，对问题的认识或者判断自然不够全面，表现为整体上的待成熟性。大部分大学生的世界观、人生观、价值观尚未形成，心理承受能力、辨别能力、实践能力均有待提高。与此同时，他们又处于生长发育快速期，精力充沛，思想活跃，自我意识普遍较强。在当前经济全球化的背景下，面对复杂的社会思潮和社会现象，以及学业压力和就业压力甚至经济压力等问题，他们能否通过自己的思考作出正确的选择，能否在人生观、价值观等重大问题的方向选择上作出正确的判断，是否有坚定的立场和执着的追求，这些都是大学生成长过程中的关键。一个人的精神特质是由其价值观决定的，而信仰正是价值观的灵魂。它作用于意识形态的其他层面，对人的整个精神生活施加影响，为人生指明方向，提供精神动力，从而为实现人生理想不懈奋斗。只有坚定了科学的信仰，才能明确人生方向和道路，在前进动力的支持下不断成长。马克思主义信仰是科学的信仰，是高校思想政治教育的核心内容。加强对大学生的马克思主义信仰教育，帮助大学生全面正确地认识信仰，发挥信仰的价值定位作用和激励功能，有助于大学生找到自己的正确人生方向和奋斗目标，树立正确的价值观，理性地面对人生中遇到的困难和挫折，增强面对未来的信心和勇气，学会运用科学的辩证的方法对待世事变化，形成自我约束自我管理的道德品性，塑造健全的人格。因此，大学生的成长发展离不开马克思主义信仰教育。

四、对大学生进行马克思主义信仰教育有利于培养中国特色社会主义接班人

当代大学生是否坚信马克思主义，是否坚定不移地走中国特色社会主义道路，是否树立了共产主义的远大理想，关系到其是否能够成为合格的中国特色社会主义接班人。目前，由于我国大学生包括研究生、本科生和专科生已经形成了巨大的群体，其马克思主义信仰状况如何，不仅影响着其自身成长成才，同时也影响着党和国家的前途命运。同时，多元文化在我国的发展，以及社会变革中出现的负面问题也影响着大学生的马克思主义信仰，因此，研究大学生马克思主义信仰教育，对帮助大学生树立科学的马克思主义信仰，消除其思想上的负面影响，培养中国特色社会主义事业的接班人，保证国家和社会的稳定发展与社会主义事业现代化的顺利进行，具有重要的意义。此外，对大学生进行马克思主义信仰教育有利于大学生健康人格的塑造。当代大学生是构建社会主义现代化建设的中坚力量，培养和造就一大批人格健全的大学生，对于构建社会主义和谐社会具有长远的意义。健康的人格要求大学生具有良好的思维品质和道德情操，具有独立分析问题和解决问题的能力，具有良好的社会适应能力、积极乐观的生活态度。因此，如果大学生没有牢固地树立科学的马克思主义信仰，产生对政治问题的偏见、马克思主义信仰的迷茫，就会导致其情绪波动较大，生活态度消极，从而不利于其健康人格的塑造。而研究大学生的马克思主义信仰及其教育，可以培养其辨别是非的能力，确保他们在进入社会后把握正确的政治方向，全面提高自身素质，帮助其树立正确的世界观、人生观、价值观，形成健康的人格。与此同时，探讨大学生马克思主义信仰教育有利于提升大学生的思想境界。大学生的马克思主义信仰能够反映其终极的价值追求，而科学的马克思主义信仰不仅使大学生对现实的不足和缺陷具有客观、正确的认识，同时也可以改善其思考问题方式，从而更深刻地认识和理解问题。由于多元文化的发展，大学生容易受到肤浅和庸俗价值观的影响，从而不思进取，无所事事，这不利于其自身的发展，同时也影响着教育的有效性。因此，研究大学生马克思主义信仰及教育，不仅能够帮助大学生树立科学的马克思主义信仰，同时也能够提升大学生的思想境界，促使其为更高、更远大的目标而奋斗。

第三节　大学生马克思主义信仰教育必须坚持的原则

一、主体性原则

主体性是指在一定的对象性活动中，主体所表现出来的主动性、能动性和创造性。马克思主义信仰教育主体性原则指的是，高校在大学生马克思主义信仰教育过程中以主体间的互相交流，协调教育者与大学生的关系。一方面，体现了教育者的主体性，即通过自身的知识和情感对大学生进行传授和影响。另一方面，体现了大学生的主体性，即尊重大学生在马克思主义信仰教育中的主体地位，引导大学生发挥自身的主观能动性。

在大学生马克思主义信仰教育的过程中，坚持主体性原则应当做到以下三个方面：首先，要坚持以大学生为本。确立大学生科学的马克思主义信仰，不只是对马克思主义信仰的规定或规则被动地接受和服从，而是在遇到不同行为和规则时主动地作出选择，体现出能动性和受动性的一致。其次，要尊重大学生的主体地位，发挥大学生的主体性。一方面，要求教育者在观念上认识、承认和尊重大学生的主体地位，以平等的眼光看待大学生，将大学生的成才和全面发展作为马克思主义信仰教育的目的和初衷。另一方面，要纠正传统的教育者与大学生是主从关系的思想，从大学生的个性特点和思想情况实际出发，有针对性地设计教学内容，以期取得更好的教育效果。最后，应当构建以教育者与大学生的互动为基础的教学模式。在进行马克思主义信仰教育的过程中教育者与大学生之间是一种以教育为目的的活动与交往，因此应当按照教育的目标和要求在教育者的指导下进行。

二、层次性原则

从信仰对象的角度，可以把信仰划分为个人人生信仰和社会理想信仰。"所谓个人人生信仰，是指个体对自己生命的意义和价值、生活的前途和命运、人生的状态和归宿等的超越性的把握和持有"[1]，而"社会理想信仰是指特定民族或社会民众，对特定社会历史发展阶段及终极发展归宿之理想的把握和持有"[2]。信仰作为个体对体现最高生活价值对象始终不移的信赖和执着不悔的追求，体现出鲜明的个体性；而作为同一社会群体对共同对象的信奉，又需要个体信仰社会化，符合社会要求。当代大学生确立何种信仰，一方面，主要取决于自己的知识水平、情感认同和人生经历，信仰由盲目信从变为自主决定；另一方面，又始终受到社会政治、经济、文化状况的制约，受到现实社会主导价值观的导引。对此，高校信仰教育要考虑到当代大学生的主体性、个体性差

---

[1] 荆学民. 当代中国社会信仰论［M］. 北京：人民出版社，2008：174.
[2] 荆学民. 当代中国社会信仰论［M］. 北京：人民出版社，2008：176.

异，不能机械地一刀切或盲目灌输，要积极引导、逐步进行；要帮助他们认清社会发展形势，引导他们树立与社会发展、社会需求相一致的信仰。个体对社会的依赖性和社会对个体的支持性，决定了信仰教育必须坚持个体性和社会性相结合的原则。

层次性原则是指依据大学生的年龄、生活背景、文化程度和心理素质等特点，针对大学生的不同思想状况，因材施教，区别对待，分层次进行教育。从高校实际情况分析，大学生的家庭背景、掌握的知识、社会经历和主观态度各有不同，从而其思想觉悟、气质性格、道德修养也存在着差异，即使是同一个人，在不同的成长阶段，其思想状况也存在着层次性。因此，只有正视大学生客观存在的思想上的层次性，才能更好地增强马克思主义信仰教育的针对性和实效性。因此，党员和非党员大学生存在着马克思主义信仰认同度的显著差异，高校在对大学生进行马克思主义信仰教育时，要依据两个层次来划分。第一个层次是对全体大学生进行社会主义共同理想教育，使他们意识到现阶段我国各族人民的共同理想和共同奋斗目标是把我国建设成富强、民主、文明、和谐的社会主义现代化国家，从而实现中华民族的伟大复兴。对全体大学生进行社会主义共同理想教育，使其成为政治觉悟高、政治立场坚定的社会主义合格接班人，增强其认识事物和辨别是非的能力，培养其历史责任感和使命感，同时积极引导其不断追求更高的人生理想，树立共产主义远大理想，增强其对中国特色社会主义的信心。第二个层次是以大学生党员和入党积极分子为主要教育对象，进行共产主义的信仰教育，端正其入党动机。而且大学生党员和入党积极分子，一般具有较好的道德品质和较强的纪律性，往往在学校中担任各级大学生干部，具备较强的沟通协调能力。因此，在大学生群体中，应当教育党员大学生，使其清楚地认识到自己是大学生群体的带头人，充分发挥其先锋模范作用。

三、方向性原则

在多元文化背景下，加强大学生马克思主义信仰教育的科学性和方法性，使大学生马克思主义信仰教育符合规律、切合实际，是适应时代发展要求和高校思想政治工作所必须坚持的。

方向性原则指的是坚持马克思主义作为指导方针毫不动摇。我国的马克思主义信仰教育具有鲜明的阶级性，即无产阶级专政，其自身的特殊性决定了它必须以马克思主义作为理论指导，必须坚持社会主义方向，坚决地抵制和批判各种错误思潮。因此，信仰教育应以马克思主义作为指导思想，坚持用中国特色的社会主义理论教育大学生，坚定他们的共产主义信仰，要把马克思主义信仰教育的内容渗透到高校教育环境的各个方面，预防和避免只停留在课堂理论教育上，发挥政治的方向性作用。坚持方向性原则，一方面，要坚持四项基本原则和"三个代表"重要思想，以提高高校党组织的战斗力，发挥基层党支部的堡垒作用和大学生党员的模范带头作用，保证党的方针政策和政治路线在高校全面贯彻执行。另一方面，要坚持以马列主义、中国特色社会主义理论为指导，坚持以高尚的精神塑造人、以正确的舆论引导人、以科学的精神武装人，从而引导大学生树立科学的马克思主义信仰。

在信仰教育当中，理想性与现实性关系能否处理好，关系到大学生选择和践行什么样的信仰。理想与现实是信仰中一对非常重要的关系范畴。理想是信仰结构中的"归宿点"，人们正是凭借着对未来的理想与信念，成就了自身现实生活的价值追求和奋斗方向；现实是信仰结构中的"原发点"，信仰对于信仰者的生存意义和价值关怀正是建立在信仰者当下的生活基础之上的。如果说信仰的理想性赋予信仰的是一种感召力的话，那么信仰的现实性则赋予了信仰一种生命力。从心理需求来看，能够为当代大学生所认同、所接受的信仰，只能是既为自己的终极意义世界提供价值关怀，又能够为自己的当下世界提供现实关切的信仰，二者必须统一，也必须保持适度的张力。"这个张力的'中介点'，若偏向'现实'的一方，会造成信仰的功利化或世俗化倾向，甚至使人感觉没有了信仰；如若偏向'理想'的一方，会造成信仰的终极化倾向，它同样会使人感觉可以不要信仰。二者殊途同归，所造成的后果就是信仰危机。"① 故保持理想与现实的适度张力是人们接受科学信仰的心理需求，坚守马克思主义信仰的崇高性，加强价值观的引领与凸显马克思主义理论的人文关怀，运用马克思主义的世界观和方法论解决大学生生命发展中的现实难题在信仰教育中同等重要，缺一不可。

四、信仰教育的主导性与多样性相结合的原则

从内容和表现形式上看，信仰形成过程蕴含了信仰者高昂的激情、深切的崇拜和坚定的意志，这些非理性因素使得信仰具有专一排他性、执着性和稳定性的特点。然而，信仰自身这种强烈的感情色彩会导致信仰者对其他合理的价值认识和信仰活动的排斥，"这种价值排外性轻则陷入教条主义和保守主义，重则陷入宗教激进主义和精神恐怖主义"。②因此，信仰又必须以一定的理性为基础，以保证自身的科学性。马克思

---

① 荆学民. 社会转型与信仰重建 [M]. 太原：山西教育出版社，1999：286.
② 黄明理. 社会主义道德信仰研究 [M]. 北京：人民出版社，2006：24.

认为人是"能动的自然存在物"①,"真正的人=思维着的人的精神"②。理性的自我意识特别是理性的反思意识和批判意识是人类精神生活的前提,真正的信仰应当是主体理性选择的结果。所以马克思主义信仰教育既要注重理性因素,以真理、知识、理论的确证性、逻辑性使受教育者信服,即"以理服人";同时,也要强调意志、情感、精神等非理性因素,在"以理服人"的基础上"以情感人""以意助人",通过大量生动、感性的形象和活动吸引当代大学生,使马克思主义理论在大学生群体中鲜活起来,为当代大学生提供强大的精神动力。

马克思主义认为,人类社会思想文化领域的多样化,是一种正常状态。社会思想、信仰选择的多种多样,有利于促进思想的解放,激发社会的活力,推动理论、科技、文化等各方面的创新。但是,社会思想、信仰选择的多样化,必须以有序化为前提。杂乱的、无序的多样化是不利于社会稳定和社会发展的。如果一个社会缺乏统一的价值导向,或者这种导向苍白乏力,社会运转就会陷入混乱或者停滞,社会发展就会受到影响。所以,对于一个正常的社会来讲,既要允许社会思想和个人价值追求的多样性,也要坚持社会价值导向的一元化。概括地说,就是多样并存、一元主导。对此,我们要在坚持马克思主义信仰教育的同时,关注、研究其他社会信仰,从中寻找存在的依据,获取有益的成分,批判非科学非理性的成分,保持一元指导、多样并存的适度张力。

---

① 马克思恩格斯全集:第42卷[M].北京:人民出版社,1979:167.
② 马克思恩格斯全集:第3卷[M].北京:人民出版社,1960:56.

第四节 大学生马克思主义信仰教育的主要内容

多元文化是不断融合和发展的,因而,大学生马克思主义信仰教育的内容也应当与时俱进,并且具有时代特征和可实施性,如此才能有针对性地解决大学生马克思主义信仰存在的问题。所以,在客观上就要求大学生马克思主义信仰教育内容不仅要吸收现代教育的理念,同时也必须注重教育内容的政治性与民族性、科学性与伦理性。因此,针对多元文化所带来的问题,应当进一步改进大学生马克思主义信仰教育内容,促使大学生价值观及行为方式的转变,帮助他们解决思想上存在的问题。

一、加强辩证唯物主义历史观教育

当代大学生马克思主义信仰教育的内容主要是由马克思主义和中国特色社会主义理论组成的,因此,对当代大学生的马克思主义信仰教育必须以马克思主义和中国特色社会主义理论为核心而展开。坚持用中国特色社会主义理论体系武装全党和教育人民,武装大学生的思想。中国特色社会主义理论体系,不仅是党领导全国人民共同奋斗的指导方针,也是国家繁荣富强、人民安居乐业的重要理论保障,因而每个大学生都必须学习和理解。因为历史实践已经证明,无论是取得新民主主义革命的胜利,还是建设社会主义现代化,都离不开这个共同的理论基础。在面对外国的侵略和反动统治时,中国人民依靠毛泽东思想,取得了新民主主义革命的伟大胜利,从而建立了新中国,实现了由新民主主义向社会主义的转变；在建设中国特色社会主义道路上，中国人民依靠邓小平理论、"三个代表"重要思想和科学发展观的正确指引，走上了富强、民主、文明、和谐的社会主义现代化道路。当代大学生对中国特色社会主义理论的认知仅仅局限于书本，同时，缺乏运用马克思主义的唯物辩证法来分析和思考的能力。马克思主义哲学是在批判继承的基础上将唯物主义与辩证法有机地结合起来，形成了历史唯物主义，科学地揭示了人类社会发展的一般规律。同时，马克思主义哲学的实践观，也阐释了世界的本质与规律，为无产阶级改造客观世界，实现共产主义提供了科学的方法论。因此，高校应当继续深入中国特色社会主义理论的宣传，使大学生明白历史阶段的不同，实事求是，与时俱进，遵循历史和人类社会发展的规律，不以偏概全，使当代大学生理解马克思主义是不断发展的，从而更科学地把握党和国家的政策，消除社会转型和文化冲突所产生的疑惑。同时，要引导大学生掌握马克思主义方法论，培养和提高大学生的辩证思维能力，引导当代大学生运用所学的理论知识，辩证地思考和分析政治问题，巩固所学到的理论知识，从而树立科学的稳定的马克思主义信仰。

二、加强社会主义共同理想教育

当代大学生马克思主义信仰教育的内容应当注重大学生社会主义共同理想教育，因为社会主义共同理想是当代大学生应当终生奋斗的目标，是世界观、人生观和价值观的集中体现，是我国生存发展的精神支柱。理想信念属于意志，是马克思主义信仰里最稳定的组成部分。加强对当代大学生社会主义共同理想的教育，是解决当代大学生在社会主义共同理想因子上认同度较低的根本方法。加强社会主义共同理想教育，其要求是坚定其对中国特色社会主义的信心，使其充分认识到中国共产党是建设中国特色社会主义的核心领导，深入理解党的基本理论、基本路线和基本纲领。当前，大学生整体上热爱党、热爱社会主义，拥护党的路线方针政策。但随着多元文化的发展，个人主义、自由主义等思想与我国马克思主义信仰教育背道而驰，严重影响了大学生理想和价值观念的形成。因此，要实现中华民族的伟大复兴，应该加强大学生的社会主义共同理想教育，确保我国在国际竞争中处于不败之地。加强大学生社会主义共同理想教育，首先，应当坚持以人为本的思想，尊重大学生的主体性，加强对其价值观念的引导。其次，应当使大学生理解历史发展的必然性与现阶段我国的国情，坚定大学生的马克思主义信仰和社会主义共同理想。最后，尊重大学生的个体思想和行为的差异性，坚持层次性原则，将大学生的个人理想与社会主义共同理想相协调。当代大学生的马克思主义信仰教育应该大力提倡爱国主义精神。爱国主义精神作为人们融合了情感和意志的一种社会意识形态，具体表现为人们热爱祖国、报效祖国的态度。爱国主义是在人类社会不断进步的过程中形成的，对推动国家和社会发展，凝聚民族精神起着重要的作用。如今，爱国主义已经成为各个国家马克思主义信仰教育中不可或缺的内容，是对个人基本道德和价值观的一种规范。而多元文化中过度强调个人利益，割裂个人与国家联系的不良思想也影响着大学生的价值观念，因此，对大学生进行马克思主义信仰教育，必须坚持以爱国主义教育为重点，培养大学生对我国悠久历史和中华民族优良传统的认同感，将大学生的信仰教育与祖国紧密联系起来，抵制任何过度强调个人主义的思想。

  首先，发扬爱国主义精神必须加强历史观教育，因为在中华民族悠久的历史过程中，中国不仅为人类文明作出了卓越的贡献，同时中国人民在反抗侵略者的入侵和压迫时百折不挠的精神也成为人类精神文明的重要组成部分。这些都是大学生所必须了解的,尤其是中国近代史教育,其中中国共产党为了全国人民的利益而前仆后继地奋斗的光辉历史更应该被广大学生所铭记。其次,对大学生进行爱国主义教育,应该以我国现阶段的国情为切入点,加深大学生对中国共产党以及社会主义道路的情感。爱国主义作为一种历史范畴,在不同历史阶段其要求与内容也不同,因此,发扬爱国主义精神,其内涵必须强调热爱党、祖国和社会主义。最后,加强爱国主义教育应该把握时代特征,使大学生正视我国现阶段社会变革所产生的问题,了解我国现阶段国内外所面临的各种挑战,引导大学生树立忧患意识,使大学生自觉地抵制任何有损国家形象和利益、分裂国家主权的不良思想。

三、提高依法治国意识

当代大学生是中国特色社会主义事业的接班人,是党政干部队伍的储备力量,肩负着依法治国、构建和谐社会的重要责任,在加快推进依法治国的大背景下,加强对当代大学生的马克思主义信仰教育,就是让大学生深刻理解我国的政治制度以及这种制度存在的必然性,充分认识到这种制度存在的意义以及科学性,逐渐培养他们对国家政治体制的认同感,以及对依法治国精神的认同感,在思想上充分意识到社会主义制度的先进性。

提高大学生依法治国意识,首先,应当强化大学生的公民权利意识。我国法律是全国各族人民愿望和要求的集中体现,宪法规定,守法是我国公民的一项法定义务,也是落实依法治国政策的基本要求,如果公民不积极履行作为义务或者违反禁止性义务的规定都应当承担法律责任。因此，对于大学生思想政治教育而言，必须使大学生理解人民群众是国家的主人和人民代表大会制度的内涵，以及以此为基础产生的人民主权原则和民主集中制原则，培养大学生的主人翁意识，发扬集体主义精神，学会正确处理国家、集体和个人三者之间的关系，懂得在必要时应当牺牲个人利益保护国家和社会利益，心系祖国，把自己的前途命运与国家的荣辱兴衰紧紧联系起来。其次，应当强化大学生国家权利意识。主权是一个国家立足于国际社会的根本，大学生思想政治教育应当适当地将相关的国际法知识纳入进来，进行集中概括、系统阐述，借助国际法的基本原则强化大学生的国家主权观念。现如今，国际社会霸权主义、强权政治横行，强调主权观念就是为了印证只有发展才是硬道理的格言。虽然我国一贯主张国与国之间应当友好合作、平等协商，但是不等于我国的主权可以被任意践踏。我国公民在国际交往中应充分维护民族利益和国家尊严，自觉维护国家的主权，遇到危害祖国利益的事情，应当坚决给予回击，决不妥协，形成国家利益高于一切的意识。最后，应当强化大学生权利义务意识。帮助大学生塑造健康、积极向上的心理素质以及正确的权利义务观，培养法律意识，使其学会用法律武器维护自己的合法权益，在行使自己权利的同时，做到不损害国家、集体、他人的权利和利益，履行宪法所规定的义务，做一个遵纪守法的好公民。

四、加强政治观教育

当代大学生马克思主义信仰教育的目的之一就是提高大学生的政治素质，衡量大学生政治素质高低的标准在于衡量大学生政治观是否符合我国的政治体制。因此，加强大学生政治观教育，是使其理解我国政治体制以及中国特色社会主义优越性的有效方式。所谓政治观教育就是教育者通过教育活动，把社会所提倡的主导政治观转化为受教育者个体的政治品德，也就是要使受教育者形成社会所需要的政治品德和政治行为。针对大学生这一群体，应当注重对其政治价值理念的引导，进行有目的有计划的系统的政治教育，适当增加大学生参与社会政治生活的机会。因为在法律上，大学生作为成年人已经得到了应有的公民政治权利，而大学生活中完全实现其政治权利的机会不够充分，因而造成了思想上的矛盾。再者大学生通过各方面接触的多元文化，使得这种矛盾在社会巨大的变革和转型时期就表现得非常突出。因而，加强大学生政治观教育，就应当依据大学生的特点，给予其参与政治生活的机会，使其在政治生活中发挥应有的作用；发展其公民意识，使其在进入社会后能够按照公民的标准履行自己的义务。大学生受到多元文化的负面影响时的消极行为反映出其公民意识的缺乏，是在政治上不成熟的表现。加强政治观教育应当深化大学生对我国国情、政府的政策和运转等知识的了解和认识，这有利于大学生更深入地理解我们党的方针路线和国家政策的依据，从而认识到自己思想上不符合实际和过于理想化的错误，更好地坚持所传授的政治观念和知识，明确自己在社会活动中所应当承担的责任。通过这种方式，在实践上更能加深大学生对政治观教育的理解，从而提高马克思主义信仰教育的有效性。同时，通过对大学生政治行为的引导，为他们的政治情绪提供宣泄途径，可以使他们通过正常的渠道反映问题、解决问题，真正从思想上防止政治偏激和政治盲动，而引导大学生的政治热情和政治积极性，可以使之形成正确的政治方向、崇高的社会理想和坚定的政治信念。

第五节 大学生马克思主义信仰教育的对策

我国正处于经济全球化、文化多元化、信息化的时代背景下,国内外环境复杂且瞬息变幻,理想状态与现实生活不相匹配,导致大学生信仰多元化。但是,马克思主义仍然是当前大学生信仰的主流。"马克思主义是迄今为止世界上革命性、科学性最强的世界观、方法论,是人们认识世界、改造世界和完善自身的强大的思想武器,也是适应实践发展要求并能指导社会实践不断前进的科学的思想理论体系。"[①] 任何事物的发展都不会是一帆风顺的。大学生不是生来就坚定马克思主义信仰的,马克思主义信仰,需要通过教育才能使他们了解、认知、相信,最后达到信奉马克思主义的目的。通过以上的原因分析可以知道,在多元文化背景下,大学生马克思主义信仰教育面临着许多迫切需要解决的问题。因此,应当确立当代大学生马克思主义信仰教育的基本原则,改进对当代大学生马克思主义信仰教育的方法路径,完善大学生马克思主义信仰教育的内容选择,加强大学生马克思主义信仰教育的策略,以增强大学生马克思主义信仰教育的有效性。

一、充分发挥高校思想政治理论课的主渠道作用

经济全球化的浪潮下,各种不同的文化、观点、思潮和价值观相互碰撞,影响了当代大学生的思想和行为。马克思主义信仰教育需要更新

---

① 张雷声. 从整体性角度把握马克思主义 [J]. 甘肃社会科学, 2010 (6).

教育观念、创新教育方法，以马克思主义理论为指导，结合时代发展和大学生实际需要注入新的内容，充分体现"教师为导、大学生为本"的教育方式，努力提高思想政治教育的实效性。为达到预期目标，必须发挥高校思想政治理论课主阵地的作用。首先，提升高校思想政治教育队伍的政治理论素质。古人云："人以学为本，非学无以为才。"教育者本身需要不断地学习马克思主义理论，只有坚定马克思主义信仰，才能做到"言传身教"。其次，创新教育内容、形式和手段，尽最大的努力把所谓深奥难懂的理论转变为通俗易懂的案例向大学生传授。最后，尊重大学生主体意识，引导大学生学会运用马克思主义的立场、观点和方法分析、解决问题。

二、以校园文化为载体加强大学生的社会实践活动

校园文化是学校精神和文化内涵的核心。构建校园文化、创设教育环境时要考虑增添一些与马克思主义相关的内容，使用通俗的语言表达，把信仰教育内容与现实文化生活有机结合起来，营造积极向上的静态文化育人场景。同时，需要创办各种校园文化活动，调动大学生的积极参与体验，使其在活动中意识到学习、人际交往、就业等需要具备不同方面的能力，从单纯追求理论学习向发展综合能力转变，把被动的理论灌输转变为精神文化需求，在参与校园文化活动过程中自觉地思考人生的价值。马克思在《〈黑格尔法哲学批判〉导言》中提出："光是思想力求成为现实是不够的，现实本身应当力求趋向思想。"[1] 毛泽东在《实践论》中指出："马克思主义者认为，只有人们的社会实践，才是

---

[1] 马克思恩格斯选集：第1卷[M]．北京：人民出版社，2012：11．

人们对于外界认识的真理性的标准。"[①] 因此，必须加强社会实践，通过实践活动锻炼大学生的思维能力，在实践的基础上创新，培育其坚强的意志，使其自觉树立马克思主义信仰。

三、加强理论透视，疏解大学生对马克思主义信仰的认知困惑

当前部分大学生出现了马克思主义信仰危机，一个重要原因在于马克思主义理论的真理性和价值性遭到质疑。苏联解体、国际共产主义运动遭遇重大挫折和资本主义国家发展突飞猛进的社会现实使马克思主义的真理性首先遭到现实挑战，接着其价值性遭到人们质疑，"过时论""终结论""无用论""取代论"喧嚣一时。由此观之，要真正确立大学生的马克思主义信仰，必须从马克思主义理论的"真理性"和"价值性"入手，通过科学的理论透视、透彻的理论分析帮助大学生明确马克思主义的本质规定性，完整准确地理解马克思主义理论体系，抓住马克思主义的精髓——实事求是，与时俱进地发展马克思主义。这种理论透视需要科学的方法，既需要依靠理论深厚、经验丰富，具有坚定信仰教育者的深刻说理与循循善诱；也需要理论联系实际，借助各种形式（如社会调查、原著阅读、课堂辩论等）启迪大学生的自觉思考，以促使其形成正确认知。

四、加强价值澄清与引导，提高大学生辨析不同信仰真伪的能力

"价值澄清是指在人的价值观形成过程中，通过分析和评价的手段，帮助人们减少价值混乱，促进同一价值观的形成，并在这个过程中

[①] 邓小平文选：第2卷[M]. 北京：人民出版社，1994：115.

有效地发展大学生思考和理解人类价值观的能力。"① 价值澄清法凸显了大学生的主体性，注重大学生在价值选择中的自主作用，这对于我们当前的信仰教育有重要的借鉴意义。但是，它有个致命的缺陷，就是奉行价值相对主义和价值中立原则。这种价值无涉的方法，忽视了社会主导价值观的导向作用，最终会失去教育的根本方向。所以，在价值澄清的基础上有必要进行相应的引导。在信仰教育中，针对不同的社会信仰，教育者可以通过引导和师生互动，采用一系列价值澄清策略，使大学生掌握一些澄清自己价值，进行自我评价、自我指导的技巧、方法和能力，从混乱的信仰迷失中解脱出来，自主分析、处理各种价值困惑，自觉选择自己的信仰。在这一过程中，教育者要对大学生中出现的各种疑问进行积极解答和引导，帮助他们明辨是非，使他们有正确的方向和目标，并能够通过比较、澄清，确立起马克思主义的科学信仰。

五、加强情感激励，激发大学生对马克思主义信仰的真实情感

情感与人的生存发展密不可分，在个体信仰形成中有特殊作用。马克思在强调人的理性思维的同时，特别强调了人的情感、意志、直觉等非理性因素，认为"激情、热情是人强烈追求自己的对象的本质力量"②。它使人在生命过程中表现出极大的劳动积极性、主动性和创造性。这种力量的有无，不仅是活动持续进行的必要因素，而且在关键时候可以化为巨大的物质力量，决定活动的成败。列宁指出："没有'人的感情'，就从来没有也不可能有人对于真理的追求。"③ 为此，我们在

---

① 冯增俊. 当代西方道德教育 [M]. 广州：广东教育出版社，1993：85.
② 马克思恩格斯全集：第42卷 [M]. 北京：人民出版社，1979：169.
③ 列宁全集：第25卷 [M]. 北京：人民出版社，1988：117.

信仰教育中，就要充分发挥情感激励、情感陶冶对理性教育的支撑强化作用，自觉创设良好的教育情境，运用饱满、积极的热情调动大学生对马克思主义潜在的敬仰之情，使他们的信仰萌芽得以生长、开花、结果。无论是情感陶冶还是情感激励，都旨在使大学生在参与、体验、感悟、理解甚至震撼中强化对马克思主义信仰的真实情感。

六、加强实践体验，深化大学生对马克思主义信仰的认同和内化

信仰是一种以相信为中心的知情意相统一的综合性精神状态，在从可信、确信到坚信的发展进程中，个体的生命体验和社会实践起到了关键的作用。一个人经历得越多，确立信仰的过程越曲折，确立的信仰就越坚定。部分当代大学生对马克思主义信仰产生怀疑和动摇，既源于对理论的无知，也与缺乏实践体验有很大关系。恩格斯曾提到过确立信仰的三种基本途径：实践的途径、政治的途径和哲学的途径。他指出："英国人由于国内贫困和道德败坏的现象的迅速加剧，他们通过实践达到这个学说。法国人是通过政治达到的，他们起初只是要求政治自由和平等，但当他们意识到这还不够的时候，除政治要求而外，他们又提出了社会自由和社会平等的要求。德国人则是通过哲学，通过对基本原理的思考而成为共产主义者的。"[①] 恩格斯提出的这三种途径各有不同的内涵和侧重，但都归结为人类的各种实践活动。只有使大学生在丰富的实践活动中能动地、积极地创造、运用马克思主义立场、观点、方法去认识和解决问题，才能使他们体悟到马克思主义信仰的真理性和价值性，形成对马克思主义的真正认同和内化。

---

① 马克思恩格斯全集：第1卷 [M]．北京：人民出版社，1956：575-576．

七、加强网络辐射，促进马克思主义信仰教育功能的整体释放

当代大学生是在网络环境中成长起来的一代，新媒体以其海量的信息、开放的视角、迅捷的更新极大地改变着他们的生活方式。在此环境下，"要特别重视利用互联网，建设并利用好自己的宣传教育网站，掌握网上思想教育和思想斗争的主动权。从年龄上讲，大学生处于求知、求新欲望强烈的阶段，马克思主义信仰教育工作必须把握这种心理，善于以高科技教育为武器，在继承和发扬以理服人、以情感人的基础上，还要努力做到以技动人"。教育者应充分发挥网络优势，利用红色网站、论坛、聊天室、BBS等栏目，以平等的身份与当代大学生自由交流；紧密联系大学生思想实际，针对社会热点难点问题，从理论和实践结合上作出有说服力的回答；引导大学生在重大思想理论问题上划清是非界限、澄清模糊认识，有力抵制各种错误和腐朽思想影响，促进马克思主义信仰教育功能的整体释放。在信息化时代背景下，我们必须加强网络信息传播内容监管，进一步利用网络技术载体，加强引导，正确选择学习内容，积极应对西方文化思想观念的渗透。拓宽信仰教育的途径，在网络上建立"红色网站"、开通网络心理咨询、社会热点论坛等，创造各种鲜活的教育形式，积极开展交流活动平台，使马克思主义信仰教育的内容从枯燥无味变得丰富多彩，教育方法从单一转向多样化，更贴近当代大学生学习和生活实际，正确指导大学生认识现实，提高政治鉴别能力，自觉维护中国特色社会主义共同理想信念和价值观。

第五章

培养当代大学生的社会责任感

社会责任感是一个现代化的社会,文明程度较高的社会所必备的元素,当代大学生的社会责任感关乎一个国家的综合国力、国际地位和大学生未来的走向。因此,有必要从多维度的视角对历史上的责任教育相关理论进行梳理,为当代大学生社会责任感提供理论依据,形成切实有效的教育实践模式。"人尽责并不是因为他生来就有道德。人变得有道德则是因为他尽责。"责任的讨论使人认识了人类生活的意义和对世界的价值信仰。自觉承担道德责任是个体在社会中生存、成为真正社会人的必要条件,是个体自我完善道德责任的内在要求和方法,更是保证道德人格形成的内在机制。一个有着自由意志的人能否担起相应的责任,是否具有责任感是衡量一个人道德发展水平和道德成熟度的重要尺度,人生价值的实现就是在于不断地合理地承担越来越多、越来越高的责任。"每一个在道德上有价值的人,都要有所承担,没有任何承担、不负任何责任的东西,不是人而是物"。

第一节 责任教育相关概念内涵

人是社会关系的产物，在不断的实践活动中创造自身的物质生活资料，不断地维系良好社会关系，使社会在正常的秩序运转中不断发展和进步。在这样的社会生活和社会关系运转中，人的责任是首要的基本条件，只有每个人担负起自身应该承担的责任，社会生活才能正常进行，社会和个体才能得到发展。作为主体性的存在，人的责任的产生来源于人先天所拥有的权利、人追求利益的本性、人的自由的前提之间的各种关系，因此，我们不仅要掌握责任相关概念的含义，还要理清责任与权利、责任与自由、责任与利益之间的关系。责任召唤和约束着人们的思想和行为，记载和反映着人们的生活，包含着十分丰富和深刻的含义。当今社会生活越来越丰富，社会关系越来越复杂，责任被人们寄予了更高的期望，成为调节人与人、人与社会、人与自然之间矛盾冲突的关键，在这样的现实需求中，人们对责任的内涵作出了多种解读，提出了更高的要求，使它具有多种不同意思。为了准确把握责任的含义，对之从词义上辨析和从理论上定义很有必要。

一、责任的含义

从语源学的角度来看，根据《辞海》的解释，"责"的用法主要有职责、责问、责罚、索取、责求等。在中国古代汉语中，一般用"责"来表达"责任"的意思。"责"在中国古代主要有两种含义：（1）责任；职责。如诸葛亮《前出师表》："至于斟酌损益，进尽忠言，则攸之、袆、允之任也。"（2）担当；承担。如任劳任怨。《国语·齐语》："负任担荷，服牛轺马，以周四方。"由上可见，责任在中国思想史上，最初包含两个方面的意思：一是表示臣民对君主、帝王对"天"的主动尽职和效忠；二是表示个人应对自身选择的行为所产生的不良后果和过失负责。这和责任在当代中国的用法基本上是一致的。在当代的语境中，"责任"的用法根据《汉语大词典》的词条可以分为：（1）人担当起某种职务和职责。（2）分内应做的事。（3）做不好分内应做的事，因而应该承担的过失。

在英语中，responsibility、obligation、duty 等都可以表达责任的意思，但一般来说，我们把"responsibility"作为责任的英文对应词。据韦氏词典介绍，"responsibility"一词的含义有：（1）the quality or state of being responsibility。A：moral、legal or mental accountability。B：reliability、trustworthiness。（2）something for responsible、burden。也就是，第一，责任是一种尽责的品质或状态。A. 道德上、法律上、心理上有责任。B. 可靠的、可信赖的。第二，对某事有责任、担负。C. T. Sistare 总结了"responsibility"的几种含义：（1）描述或赞同一个人对责任的态度的特征。（2）关于是否完成某人的职责。（3）法律或法律外的义务。（4）不负责任的。那些未尽到其义务或应受谴责的人被认为是不负责任。（5）某种事态可以归因为自然力、物体及其他动物，但却不是说它们不负责任。

在西方思想史上，责任是个古老的话题，早在古希腊时期就有人关注它。古希腊时期的波西多纽就著有《责任论》。苏格拉底把责任看作是"善良公民"对国家和人民服务所应具备的本领和才能。柏拉图在设计理想王国中，把人分成不同的等级，流露出不同等级的人有不同的自身选择行为、他们要对其所产生的后果负责任的思想。伊壁鸠鲁曾经明确地指出："我们的行为是自由的，这种自由就形成了使我们承受褒贬的责任。"亚里士多德认为，人应该为自己的行为负责任，"除非被迫而作恶，或以无知而作恶，否则都要惩罚。因为由于被迫和无知而作恶，没有责任。""但是，如果我们认为作恶者对于他的无知应当负责任时，则这种无知本身是受法律惩罚的。"所以人要对自己的行为负责，包括对可能逃避责任的偶然行为负责。西方近现代，也有不少贤哲围绕责任概念展开论述。培根将责任理解为维护整体利益的善，因此提出"力守对公家的职责，比维持生存和存在，更要珍贵得多"。康德认为"责任就是由于尊重规律而产生的行为必要性"。人们履行自己的责任，就是善的美德。柏格森在他的学说中把职责列为中心的范畴，他说："职责，我们把它看作是人们之间的约束，首先是我们自己对自己的约束。"西方思想史上对责任的论述还很多，这里只是简单列举了一些。通过这些论述我们可以大致了解责任的一些基本含义。

美国现代法哲学家H. L. A. 哈特详细地从地位、原因、义务和能力四个角度分析了责任的含义。地位责任是某人在某一社会组织中具有一种特殊的地位或职位，该地位或职位被赋予某些特殊的职责，那么这个人就有责任履行这些职责，或有责任履行这些职责所必须要做的事情。原因责任是一种独立的责任形式，这种责任的基本表达方式是"应对……负责"，而这一表达方式暗指的是一种过去发生的事情，哈特认为人不仅要对自己的行为引起的灾难性后果负责，而且人的作为与不作为以及物、条件与事件均可以说应对结果负责。哈特从行为与行为结果的关系角度来理解义务，并在此基础上把义务责任区分为法律义务责任和道德义务责任，两者不同之处在于法律义务责任更加严格地探讨行为结果与行为之间的因果关系。能力责任是指在理解法律规范或道德要求之后，思考与作出与这些要求相关的决定，以及在作出决定后遵守这些决定，这是"某人应对其行为负责"的最重要标准。这里的能力是指理解能力、推理能力和对行为的控制能力。

通过对中外思想家关于责任含义的理解进行的简单梳理，我们发现，责任在相关语境中可以表达成这样几种说法，如"有……的责任""应对……负责""不负责任的""应受谴责的"等。从这些责任的语境中，我们大致可对责任作如下分析。

非强制性的责任。这种责任是主体一种自觉自愿的行为选择，往往表达为"某人应该做某事"。这种应该的责任一般都与一定的角色相联系，有时就是一定的职责、应当做或不做的事或行为。这种责任可因多种原因产生，如一定的地位、角色、承诺、自愿行为等。说"某人有责任做某事"，是说基于特定的地位，他应当作出特定的行为或反应。

强制性的责任。这种责任主要是主体对外部要求的回应或内化，往往表达为"某人必须做某事"。这种必须的责任一般都与一定的义务相联系，有时就是一定的职责、必须做或不做的事或行为。这种责任也可因多种原因产生，如一定的职位、法律关系、契约等。说"某人必须做某事"，是说基于特定的要求，他必须作出特定的行为或反应。

谴责性的责任。这种责任主要是针对已经发生过的行为而言的，是主体对自己过去行为后果的一种承担，往往表达为"追究某人的责任"。说追究某人的责任，表示的是其应受到谴责、处罚或否定性的评价，也就是说其行为是有过错的。这种责任的谴责是基于行为人须有相应的义务，而行为人违反了这种义务或没有履行好这种义务导致了一定程度的严重后果。谴责往往来自道义或者是法律，谴责的方式、程度会因许多因素的差别而不同。

因果责任，也就是作为因果关系的责任。这种因果责任不是一般的因果关系，而是在因果之外的可归责因素，往往表达为"应对……负责任"，内含了由于……导致……因为没有做，而必须承担相应的责任。但也会出现基于不可抗力时虽有因果关系却不能归责于某人，不需要承担受谴责的责任。比如虽然有时说"地震时的房屋受损"，也可以说"地震应对房屋受损负责"，但这其中却没有非难、谴责因素，这种"责任"只是对一定事态的单纯或机械的因果关系的描述，因果关系在绝大多数情况下与其他可归责因素相连。当然因果关系本身就是最重要的归责条件之一，只有单纯的因果关系并不构成责任。

以上是对责任的几种用法和含义的总结，对这几种含义我们可以进行一下大致的区分：前两类主要是指一种事前责任，可叫前瞻的责任。第三和第四类主要是指一种事后责任，可叫后顾的责任。由此，我们认为责任的含义应当至少包含两个方面：一是指分内应做的事，即我们日常所讲的"应尽的责任"；二是指没有做好分内应做的事而必须承担的过失和惩罚，也就是我们通常所讲的"应追究的责任"，"分内"一词包含着能力的要求。

责任指主体在特定社会关系中对特定任务与职责的自由确认和自觉服从，是主体与人、社会、自然及未来之间的纽带。按责任指向，可分为对自身、他人、社会、自然及未来的责任。在此分析的基础上，我把责任定义为，由一个人的资格（作为人的资格或作为角色的资格）和能力所赋予，并与此相适应的完成某些任务以及承担相应后果的法律的道德的要求。社会责任即对社会的责任，指主体作为社会成员在处理社会关系中对应担负职责的确认和服从。

147

二、责任感的含义

责任感又称为责任情感,它是指个体在社会生活中强烈希望履行自己应尽责任的一种情感态度,是个体对各种责任关系的认同及自身应承担责任的意识,是个体责任实现的内在动力。责任感所包含的强烈情感色彩成分,是一种较为丰富且复杂的情绪体验。同时,责任感也不是一种简单的情绪体验,它内含了人从感性到理性的一种升华,是理性精神的体现。康德认为,作为有理智的人,他的生活是一场旷日持久的搏斗。搏斗的双方,一方是从道德规律中产生责任,另一方是来自经验和任意的爱好。责任主体对自己责任的认识和对自己行为的控制,表现为主体的责任感。责任感是责任实现的内在机制。一定的责任感总是在一定责任认识基础上认识事物的,是主体在理解一定条件下自身角色和社会要求的基础上,把握自身行为及其后果,使之符合社会要求的观念、情感和意愿,它具有激发、鼓舞和评价人们责任行为的重要功能,在个体责任行为中发挥着举足轻重的作用。

康德说:"一个处于责任的行为,是与对象的关切无涉的,它仅仅着眼于行为本身、着眼于它的理性原则、着眼于它的规律。"责任感是对理性规律的尊重而产生的行为必要性,是人们对责任内容的自觉意识和体验,或者说是责任主体对责任对象的需要的自觉意识和体验。高度的责任感,是实现责任的精神支柱,是人的一切创造性劳动和高尚行为的内在动力。责任感不但是个人生存和社会发展的必要条件,也是维系个人与个人、个人与社会之间关系的最基本感情纽带。责任感的培养,一方面是要让人们能够自觉主动承担责任,另一方面是让人们能够更好地选择责任。人的社会责任感不是先天具有的东西,而是后天培养和造就的产物。

责任感主要包括理解、意志和情感三个方面的心理结构。理解是责任感的基础和前提。这里的理解是指主体对需要自己承担的责任内容及其意义的理解,只有通过理解,具有了明确的责任意识,才能使得外在的责任内化为主体责任感。也就是说,首先要意识到责任,然后才谈得上承担或履行责任。其次是意志,在实际生活中,许多人即使意识到了自己肩负的责任,也不一定会去履行和承担这份责任。因此,只有将对责任的理解转化为行动的意志,才能形成真正的责任感。意志就像栅栏一样,将有碍责任感形成的各种非理性要求,如将对死亡的恐惧、利欲的诱惑等统统阻挡在意识层面之外。积极的情感能将理性的责任要求融解为责任主体的感性欲求,使践行责任成为责任主体的一种强烈要求。

责任感是人所特有的对于责任的主观映象和判断。它是人的自我意识最基本、最内在的层次,是人在社会生活中通过与他人、群体和社会的接触,明确社会规范和社会价值标准,认清自己在社会中的地位和责任中逐渐形成的。责任感能使人产生自尊、自爱、自律、自强,遵守社会规范,主动承担对社会、集体和他人的责任,实现自我价值等心理需求。因此,责任感是人在实践活动中,对自己完成责任的情况持积极主动、认真负责的态度而产生的情绪体验。一个有强烈责任感的人,会积极地去履行自己的责任,并且会在圆满完成任务后产生一种满足感,会在没有完成时产生一种内疚感。

三、社会责任感的含义

社会责任感指主体对自身—社会之间的责任关系,以及自身应承担责任的理性认知与情感体验。社会责任感是指社会中的个体为建立更加美好的社会而自觉承担责任的观念，其价值取向是维护社会的整体利益或比个体自身更高的利益。可见，社会责任感反映的是个体与社会的关系，它要求社会中个体作出每一种行为表现都应当首先考虑到自身之外的影响，并以积极的态度评价这种影响，选择对社会有利的、舍弃对社会有害的，始终为有利于社会的事业而不懈努力。社会责任感即个体作为享有独立人格的社会成员对其分内应做的事、应尽的义务的态度、心向。

四、当代大学生责任的相关范畴

责任的形成有其内在的联系和发展的规律，研究当代大学生社会责任感的培育模式，首先应理清当代大学生责任的相关范畴与责任之间的内在逻辑联系。

当代大学生主体性是责任形成的基础。人的主体性是人作为活动主体的质的规定性，是在与客体相互作用中得到发展的人的自觉、自主、能动和创造的特性。人是在实践活动中不断实现人的主体性目的过程的主体性的存在，在这一过程中，也是人作为主体，对自己和对他人责任统一的过程。责任也具备主体特性，表现为责任总是一定主体的责任，脱离了具体主体的抽象责任是不存在的，没有主体就没有责任，责任与主体性是一一对应的关系。对自我负责是主体性实现目的性的前提和结果，而对对象性的存在负责则是主体性实现的手段性的状态和过程。责任的主体特性首先表现为具有责任的主体也具有独立人格，是主体但人格不独立，也不会有责任。人的主体性的最高境界就是人的自由，而人的自由的实现是人在不断地完成自身责任的过程中达成的，马斯洛所说的"自我实现的人"，就是人的主体性的真正实现。

利益是责任形成的根本原因，人作为主体性的实践存在，责任同样离不开主体的利益需求。利益是责任产生的根源，恩格斯指出："人们自觉地或不自觉地，归根到底总是从他们阶级地位所依据的实际关系中——从他们进行生产和交换的经济关系中，获得自己的伦理观念。"① 这就说明，责任作为上层建筑的一部分，仍然是由经济基础来决定的。利益的取向是责任具有道德动力的根本原因，责任的实现蕴含着人类对利益的追求，正是在追逐利益的过程中产生了责任，同时实现了责任的承担，完成了责任的实现。"'思想'一旦离开'利益'，就一定会使自己出丑。"人的各种社会关系中，利益关系是最根本、最本质的关系，是决定其他一切关系的关系，影响着人们的行动、生活及其人生历程的展开。"人们奋斗所争取的一切，都同他们的利益有关。""遵循德性，不是别的，即是以理性为指导而行动、生活、保持自己的存在，而且是建立在寻求自己的利益基础上的"，利益关系是责任的基础和客观依据。

意志自由是责任形成的前提。"任何人的自由意志都不能担保自己的选择是绝对正确的……但只要他们行使了自由意志，他们就必须为其后果承担全部责任。"正是在这个意义上，责任才成为自由意志的题中应有之义。自由意志是责任的前提，责任体现自由意志。"只有完全自主的意志抉择，才能具有完全的责任性。任何阻碍意志自由的障碍、力量，都会减轻意志的责任性。一般来说，愈是意志自主，愈能增强责任性；反之，要增强行为的责任性，就应该注意增强意志抉择的自主性。"意志自由下的选择更加体现了责任是不可推卸的，也正是在责任

---

① 马克思恩格斯选集：第3卷[M].北京：人民出版社，1995：434.

的承担中不断地体现了我们的人生价值。恩格斯说:"一个人只有在他握有意志的完全自由去行动时,他才能对他的这些行为负完全的责任。"意志自由还体现在对责任的认知、选择、实现和承担上。必须能有行动的自由,正如人有思考的自由。社会实践是人所特有的对象性关系和活动,人的主体性决定了人的自由性,人的责任则来源于人的自由,因为可以自由地选择,可以自由地决定自己的实践行为,因而人才不得不为自己的选择而担负相关的责任。

简言之,当代大学生的权利是责任形成的保证。权利实质上就是一定的社会角色所具有的,与责任相匹配的可行使的权力和可享受的利益,也可以说是当代大学生的正当要求和享有的利益。它表现为人有权作出或不作出一定的行为或要求他人作出相应的行为。

第二节 责任教育的理论溯源

一、西方历史上的责任伦理思想

(一)德谟克利特的审慎快乐主义责任观

古希腊文明是一种理性文明,这一时代的文明在哲学发展史上表现为对外部客观世界本源的探索与猜测,主要关注客观世界的存在。德谟克利特是第一个明确地将"快乐"或"幸福"宣布为人的行为标准的哲学家。他认为:"快乐和不适构成了那'应该或不应该做的事'的标准。"将"快乐"和"愉快"作为哲学的主要范畴,与此相对应,他又第一次把"责任"纳入人生哲学的研究领域,他认为:"应该不是由于惧怕，而是由于义务（责任），不做有罪的事。"他同时指出"在现行的宪章制度中，没有任何方法能使官吏避免不公正，即使他们是完全廉直的人。因为要管理对别人负责是不自然的，他应该只对自己负责……不应该是从属别人之下的"。在德谟克利特看来，责任就是按照"公正"原则去做自己应做之事。公共利益与公共善是责任的基础，只有以公共利益为出发点，公正行事才能成为负责的人，才能真正使自己快乐和幸福，他以理性化的、审慎的思维方式将责任、公正与愉快联系起来，从而使他的责任思想摆脱了神秘主义，更加贴近生活，更具伦理意蕴。

（二）西塞罗的实践理性主义责任观

西塞罗在哲学上主要接受了斯多葛学派的观点，主张自然的理性主宰宇宙万物，人应顺应自然才能达到善与幸福。他以书信体的方式写了一部重要的伦理著作——《论责任》，主要借助斯多葛主义伦理学思想，谈论道德生活中的一些基本准则，以及人在社会生活中所应当履行的各种道德责任。西塞罗的实践理性主义责任观在这一时期尤为突出。他认为，自然赋予每种动物以自保的本能，人则能凭借理性通过思想和有德性的行为履行道德责任，保持符合自然理性的社会秩序，达到道德上的善。他汲取斯多葛学派的观点，认为道德责任有两种：一种是"普通的责任"，它适用范围广，泛指人们普遍应负之责，这种责任的特点在于许多人通过其善良的本性和学识的增进都可以对它有所认识。另一种是"绝对的责任"，它是一种"完满的、绝对的"责任，其特点在于只有具有最完满的智慧的人才能达到这种境界，只是一种道德思想，这些道德责任与智慧、正义、勇敢、节制四主德相对应，指需要实现的各种主要社会责任：（1）充分发展并明智地发现真理；（2）保持有组织的社会；(3) 树立坚强、高尚、不可战胜的精神；(4) 言行稳重，克己而有节制。西塞罗的责任观充分展现了道德责任的实践性和社会性，体现了当时罗马精神务实的含义。

西塞罗在西方公民学说史上首创了"责任公民"理论，主张公民应当发自内心地自愿承担责任和义务。认为每个公民都应该积极为国家、为社会尽一份责任，为公众的利益贡献出一份力量。因为公民不是为自己而生，国家赋予公民应尽的责任。西塞罗认为：责任可以分为"普通的"责任和"绝对的"责任。"我认为，'绝对的'责任也可以叫作'义'，希腊人对于这两种责任是这样定义的，他们把一切合乎'义'的责任都定义为'绝对的'责任，但是他们说，'普通的'责任只是关于可以提出某种适当理由的行为的责任而已。"西塞罗在论述其公民责任思想时，继承和发展了斯多葛学派的自然法观念，把人的理性存在作为责任的基础，并在维护城邦奠定坚实基础以及去除民族的恶习触犯方面，主张公民不仅为自己而生，也是为国家及朋友而生，必然承担相应责任，从而把公民责任学说发展为系统化、通俗化和罗马化的理论。

罗马化的理论，认为公民有理性所以应尽自己的责任。西塞罗认为，人是上帝创造的各种活的生命当中唯一具有理性和思维的生命，理性使人们更加注重博学与责任，驱使人们将错误的行为转为正当的行为。他说："理性的力量甚至改变了自然的命运。"共同的语言和密切相关的生活把所有的人联系在了一起——这是自然的功劳所致，但理想却使人们更加注重了博学与抚养下一代的责任意识。自然与理性糅和在一起，使人类在部落群居、公共聚会中不断地提升着自己的生存取向，又从提升的生存取向中制定相应的责任目标。比如人就被要求必须努力地工作,目的就是他们自己,同时也是让他们的妻儿以及需要他们赡养和服侍的人过上舒服的生活。生产说到底就是为了获取大量的物品。自定的要求和责任往往会激起人们内心的勇气,以至于使人们在谋生的过程中变得更加理性和坚强……我们在各种社会生活中逐渐地认识到,那些真实、纯真的东西与我们人的天性原来是再切合不过的了。人类除了具有对真理探求的天性之外,还有一种追求自身独立的本能愿望。从这个意义上讲,自然所赋予人类的初始意愿在任何群体中都存在排斥性。除非有某人做了让公众拥戴的正义事业,或者具有绝对服众的能力统治自己所在的部落。真正意义上的伟人大抵都是从这类世俗的环境中历练出来的。西塞罗认为,人是自然界中最特殊的动物,其特殊性就是其是所有生物中唯一具有优越的理性的种类,自然予人以理性,理性是上帝与人类的共同财产,是人与上帝沟通的桥梁。他说:"人和神具有同一种德性,任何其他种类的生物都不具有它。这种德性不是什么别的,就是达到完善,进入最高境界的自然。"西塞罗认为,自然和理性创造了人类和谐之美,而且还把这种和谐之美从感性世界延伸到精神世界。他认为,"自然"和"理性"明确宣示:人是唯一能够感知秩序和礼节并知道任何节制言行的动物。因为其他一切动物都感知不到"可见的世界"中的美、可爱与和谐,而且"自然"和"理性"还将这类感情世界扩展到精神世界,觉得在思想和行为中更应当保持美、一致和秩序,因而"自然"和"理性"就小心谨慎,不做任何不恰当的或缺乏阳刚之气的事情,在每一思想和行为中不做变化无常、异想天开的事情。西塞罗认为,理性是从自然生出来的,它指导人们何事该做,何事不该做,当这种理性在人类理智中稳定而充分地发展了的时候,就提供了强有力的道德责任力量。他主张:在责任选择相互冲突时,应把人类社会的利益所需要的那类责任放在首位。他认为，公民的责任是有限的，对责任的追求惩罚也是有限的。此外，"我们甚至对那些有负于我们的人也负有某些责任。因为报复与惩罚是有限度的；或更确切地说，我倾向于认为，使侵凌者对自己所干的坏事感到后悔，以便使其不再重犯，使其他人也能引以为鉴，不干这些坏事就足够了。"西塞罗以理性主义自然法思想来论述公民责任，他对人类理性、对公民责任的思考不是仅仅停留在哲学思辨的层面，而是深深扎根于城邦国家、世俗的现实生活中，从而使其哲学说具有较强的针对性和实践性。

西塞罗认为，美德是人世间最美好的事物，没有美德因素的至善是不可以接受的，至善的本身则要求人们与自然本性和谐一致地生活，要求人们选择共同利益而不是自己的利益。西塞罗强调道德责任的重要性时指出："关于道德责任这个问题所传下来的那些教诲似乎具有最广泛的实际用途。因为任何一种生活，无论是公共的还是私人的，事业的还是家庭的，所作所为只关系到个人的还是牵涉他人的，都不可能没有其道德责任；因为生活中一切有德之事均由履行这种责任而出，而一切无行之事皆因忽视这种责任所致。"

西塞罗认为公民有美德就应自觉自愿地去履行国家和社会的责任。还认为，社会的和谐要以公民的美德来支持，他循循善诱地要求人们讲究美德，拥有爱心，因为"好心为迷路者带路的人，就好像用自己的火把点燃他人的火把，他的火把并不会因为点亮了别人的火把而变得昏暗"。他在强调正直的美德对于人的生活和尊严的重要性时说："因为除了在好名声，恰当和道德上的正直中以外，我们在任何地方都不能发现对我们真正有利的东西，所以，正因为这一缘故，我们把这三者看作是首要而且最高的努力目标，而我们称之为利的那种东西，我们认为它与其说是我们尊严的一种装饰物,不如说是生活的一种必需的附带物。"在西塞罗看来,大自然要求人类要像遵守法律那样遵守美德,当心灵区分开正确与错误对立的结果时,他就会捍卫真理。他的公民责任学说旨在唤起公民高尚的行为,使他们不去做坏事。他在论述人的责任时说,首先是国家和父母,为他们服务乃是我们所负有的最重大责任。其次是儿女和家人,他们只能指望我们来抚养,他们不可能得到其他人的保护。最后是亲戚,在日常生活中他们往往能与我们和睦相处,而且其中绝大多数人都能与我们同舟共济。西塞罗主张,公民应自觉自愿地履行社会责任,他说:"对伤害他人的行为不加制止,因而缺乏道德责任感,其原因可能是多种多样的:或则不愿结怨树敌,惹事破财;或则由于冷漠、懒惰或无能;或则专注于某种急务或私立,以致无暇顾及那些有责任去保护的人……"但实际上最好还是自愿去履行,因为本质上是正当的行为,只有自觉自愿地去做才是正义的。西塞罗宣扬为国家献身的精神,主张不把自己的名誉放在国家的安危之前。他赞扬有美德的公民:他们会毫无保留地献身于国家,不在乎自己的影响和权力,心目中只有整个国家和全体人民的利益;此外,他们不会无根据地指控任何人而使其遭人憎恨和蒙受耻辱,但是他们会不惜任何损失以坚持正义和诚信甚至面对死亡也在所不惜。

(三)亚里士多德的德性责任论

亚里士多德责任思想既受德谟克利特伦理思想影响,又与苏格拉底、柏拉图的伦理思想一脉相承。首先,他在论述理智德性和伦理德性时,继承了前人"知识即美德"的命题,指出,一个人能否负责与他的知识有密切关系,只有拥有知识,才能让他负责任。这里的"知识"范围比较广泛,它不仅仅是指责任方面的知识,而且还包括更为宽泛的理论知识，即普通的理智。亚里士多德在探讨责任这一范畴时，提出"无知要不要负责"这一命题，在分析这一命题时亚里士多德认为，责任的追究必须视情形而定。在日常生活中，无知可分两种情况，一种是他确实什么都不懂，比如婴儿和精神病人；另一种是辩称自己是在"无知"的情况下犯下罪错。对于第一种情况，亚里士多德认为他可以对自己的行为不负责任；而对于第二种情况来说，他必须对自己的行为负责任。他在分析中首先举了一个著名的例子，一个司机酒后驾驶引发车祸，司机辩称这是自己在头脑失控后的失误，故不应为这一过失负责任；但是，现实生活中这种"无知"是可以避免的，司机在之前可以控制自己不去喝，或是喝了酒可以不去开车，实际上这种"无知"，背后是"知"，因而司机必须为自己醉酒后行为所引发的否定性后果承担责任。其次，他提出了自愿选择和责任的原则。亚里士多德从人性的角度出发，认为人的自由包括两个因素：（1）理性的自觉；（2）欲望或意志的自愿。一个人是否选择合乎中道的行为，为善或为恶，是由自身自愿选定的。既然人们的行为是自由的，那么，人们必须对自己的行为负责，或者因此而受到赞扬，或者因此而受到谴责、惩罚。不允许将自己的行为归咎于外界原因。他同时认为德性完全取决于我们自己，作恶也是取决于我们自己，在现实生活中，要做一个有价值或无价值的人，都在于自己的努力。自由的道德主体是他自己行为的承担者，一般来说，对于人们自愿选择的行为及其后果，不论这种自愿选择是直接意义还是最终意义上的，人们对自己的行为都负有不可推卸的责任。只有在完全不由自主的情况下，人们的行为及其后果才可以摆脱责任的追究。

（四）康德的道义论责任观

康德将责任视为一切道德价值的源泉，并从人的善良意志入手，通过对道德法则、绝对命令及意志自律的诠释，提出了责任论。他认为德性的力量在于排斥爱好和欲望的障碍，承担起自己的责任，恪守自己的职责。德性的力量作为责任的准备条件，它为责任的"应当"转变为"现实"提供了保障。在责任的恪守中，由于理性将道德法则无条件建立在所有意志动机上，从而彰显了责任戒律的崇高和道德法则的内在尊严。因而每一个在道德上负责的人都要有所承担，不负任何责任的东西只能是物而不是人。认得这种承担所指向的客体必然是道德法则，责任的原则只有在道德法则的知识范围内才能找到，人正是因为尊重道德法则（道德规律），才能使自己的行为出于责任，其才能被授予具备"道德价值"的皇冠。

首先，善良一直是一切行为的道德价值不可缺少的条件。任何一种行为只有具有善良意志才有可能被称之为责任行为，这样的行为才有可能具有道德价值。他说，"在世界之中，一般地，甚至在世界之外，除了善良意志，不可能设想一个无条件的善的东西"，他认为责任是道德意识的显著特征。一个为了责任而行动的意志才是善良意志，善良意志就是为了让责任而行动的意识。

其次，责任就是服从道德法则或道德规律的行为必要性。他认为，责任就是"出于约束性的行为客观必要性"，是一切道德价值的源泉。责任的观念就是道德规律的观念，只有将责任作为普遍的的自然规律看待，才能使责任具有内在的约束性和外在的强制性，才能使责任成为一切行为具备道德价值的源泉。道德责任（理性法）决定内在与外在活动时，人才能产生道德自由，成为一个"人"。道德责任就其外部形式而言，具有普遍有效性，适用于一切作为理性存在意义上的人。同时，道德责任还具有内在规定性——意志自律，即道德律令不是外在于道德主体"我"的绝对命令,而是发自"我"的心中。个体不仅是被动地必须这样做,更重要的是主动、自觉地立意这样做,这时外在的道德责任已经内化为个体自身的道德责任感,成为个体的道德自觉,显示出人的自由与尊严。

最后,道德法则是自律的法则,而责任恰恰是这种自律法则的集中体现。责任核心就是道德自律。康德认为责任就是一个有理性的存在者作为自在目的而存在的唯一条件。只有通过责任的确立和恪守,他才能成为"目的王国"的一个立法者和守护者。于是,只有责任以及与之相适应的人性,才是具有尊严的东西,这就要求理性存在者在行动时,必须把自己人格中的人性以及他人人格中的人性都同时用作目的,绝不单单是用作手段。康德认为这种意志自律既是道德法则所要依据的唯一原则,又是限制一切意志的重要条件,而这个条件保证理性存在者主体不被用作手段,而是当作目的。康德在《道德形而上学原理》中把善良意志、道德命令和意志自律三者统一起来,这样就充分展示了责任的自律性。

康德的责任观强调使人绝对遵从最崇高、无条件的神圣道德命令,责任是人出于对规律敬畏的行为必要性。这种高高在上的具有普遍性的规则,因脱离现实生活而变得缺乏实用性。但不可否认,正是康德奠定了责任伦理学的现代意义。他曾从谁提出责任、谁受此责任约束的关系维度揭示权利义务存在着三种类型:有权利无义务(责任),这是神的;有义务(责任)无权利,这是奴隶的;既有权利又有义务(责任),这是人的。

(五)奥古斯丁神学预定论的责任观

作为中世纪神学预定论责任思想的主要代表,基督神学家奥古斯丁通过圣经原罪说，指出人生来就有罪，并且一辈子都要背负它，人只有怀着忏悔之心，时刻感念到自己是有罪责之人，这样才能减轻原罪，获得上帝的宽恕，达到永生的境界。奥古斯丁的责任观倾向罪责，以人的原罪为基础，具有强烈的神学色彩。而从伦理学层面来讲，奥古斯丁以"原罪说"为基点开始探讨自由意志问题，探讨自由意志和责任的相互关系。他认为作为上帝的创造物，人类的远祖可以自由地选择自己的善恶行为，因而负有相应的责任。也就是说，那时的亚当和夏娃是有自由意志的，不幸的是，亚当和夏娃经不住蛇的诱惑，滥用了上帝所赋予他们的自由意志，偷吃了禁果，作出了恶行，犯下了原罪，从此人类的子孙后代就永远被剥夺了一直的自由。由此可见奥古斯丁认为人类只有一次性的自由，这种意志自由从根本上来说，是人对自由自身存在的觉悟。这就为人类探求真理，维护人类的权利、尊严与责任打下了基础。展现在责任方面的新思考即如何理解与维护人的自由存在，以及如何理解与担当起人的罪责、尊严与权利。自由意志使人负有绝对的责任，动物没有责任，只有人才具备道德责任，因为人是自由的，实际上，自由本身就隐含着一种责任。从根本上说，人的一切行为都是出于他自己的自由意志，以及自身的抉择，自由意味着每个人就是自己行为的唯一原因，因而他就必须在自己的存在中接受和承担自己行为的后果，这是人的最基本责任。这一责任的绝对性在于自由的绝对性，人从出生之日起，就被抛入自由世界中，人的意志是自由的，同时，自由同时意味着责任，意味着承担。奥古斯丁所强调的原罪说本身隐含着人的责任意识：人必须承担自身行为的后果，"原罪说"将责任绝对化、先天化，或者说，只有人才有绝对的责任。在奥古斯丁那里，由于人的绝对权利、尊严和责任都是以自由意志的存在为前提，他对自由意志和绝对责任的追问意味着人由此开始了对自己绝对权利与责任的自觉确认与自觉承担意识,这正是近代启蒙哲学的核心所在。奥古斯丁对自由意志的追问,为传统责任理念的探讨奠定了基础,使责任逐步上升为理解和维护人的绝对尊严、绝对权利和绝对责任的学问。

(六)苏格拉底原始契约论的责任观

苏格拉底提出了"美德即知识"的著名命题。一方面,他认为知识是德行的必要条件,即任何行为只有受德行知识指引,才有可能成为善的行为;另一方面,他又认为知识是德行的条件,即只要具备有关的德行知识,人就必然会作出善的事情。从知识的内容上看,德行知识包含着关于善、责任的知识。他认为,知道责任是什么,人们就会有相应的道德行为,凡是知道什么是责任的人,总会做合乎责任的事情。苏格拉底还主张把责任与利益调和起来,具体地说,因为知识是道德责任的知识,所以它使道德行为成为可能。又因为这种道德知识将会产生利益,所以,能使具有这种知识的人趋向为善。从社会责任与个人利益的关系上看,苏格拉底尽管希望调和二者之间的关系,但他更侧重于社会责任,将社会责任作为个人与城邦订立契约的基础。苏格拉底以自己的时间行动为我们提供了一种不顾一切个人利益而履行道德责任的规范,当被不公正地判处死刑时却拒绝朋友克里多的相救,他的理由便是,自己自由地选择在雅典生活,接受了雅典的法律,实际上是与城邦订有一种默认契约,享受了这个城邦给予的各种权利,那么自己就有责任虔诚地遵守城邦的秩序和法律。如果摒弃了自己对城邦的守法承诺,就违背了正义的生活原则,他说道:"如果你以不光彩的方式逃离这个地方,以怨报怨,以罪还罪,破坏与我们订立的契约……你生前将遭到我们的憎恨。"结果慷慨赴死,履行了他的原始契约责任。苏格拉底以美德为基础，强调个人与城邦的契约，并要求个人无条件地履行这种由于契约所产生的责任，实际上，这正是责任归因的重要条件之一。

（七）柏拉图角色契约论的责任伦

在《理想国》中，柏拉图以城邦的产生为切入点，论证了人们对城邦尽责的重要性。从城邦的产生上看，柏拉图认为"之所以要建立一个城邦，是因为我们每个人都想很好地生存"，也就是要过"善"的生活；就必须互相帮助，"每一个成员要把各自的工作贡献给公众"，在城邦中，由于成员间的需求不同，以及个人的性格、天赋不同，因而适合于不同的工作，这就意味着成员之间的角色责任不同，柏拉图强调个人履行责任直接表现为每个成员在自己的工作中各行其是、各尽其职，只有每个人各负其责，才可能生活得更好。柏拉图认为城邦应分为三个等级：第一等级是统治者，其职责在于用理智管理国家；第二等级是武士，其职责在于保卫国家；第三等级是劳动者，其职责在于生产社会财富。这三个等级成员各安其位，各司其职，就达到了"公正"的美德。在柏拉图看来，由于天赋的不同而在国家职责中担当不同的角色，个人应当依据自己的角色做适合自己的工作，担负起各自的责任，如此城邦和个人才能有节制、公正、和谐以及幸福地发展。当城邦中的个人超越自己角色的时候，就会造成混乱、痛苦。也就是说，个人在城邦中的责任的体现在于固守自己的角色，在自己的岗位上尽心尽责。实际上柏拉图也强调一种原始契约的责任，强调以个人的角色定责，更突出"问责"与"尽责"的明确性。

（八）萨特存在主义的责任观

萨特作为存在主义哲学典型代表，提出存在先于本质的哲学命题。他在《存在与虚无》一书中写道："本体论本身不能进行道德的描述，

163

它只研究存在的东西。并且，从它的那些直陈是不可能引申出律令的。然而它让人隐约看到一种对外境中的人的实在而负有责任的伦理学是什么。事实上，本体论向我们提示了价值的起源和本性，等等。由于自为存在者，价值涌现出来以便纠缠它的自为存在。"他认为存在是人或物本身所固有的属性，存在作为人的一种潜力，带有一定的可能性和现实性。存在先于本质突出表现了人不是物，物的本质先于存在，物的本质是人给予的，是由人的意识所给予的，是人按照自身的需要、目的，并通过自身的意识，使物具有特定的意义和价值。按照萨特的"存在先于本质"命题的逻辑延伸，可知人相对于物而言是绝对自由的，人是自由的主体，而责任是自由主体进行自由选择的必然结果。这样，"存在先于本质"就是他的绝对自由与责任学说的最直接逻辑起点。

萨特认为自己是由人的存在先于本质这一特性决定的。他认为自为存在的特性在于存在先于本质，这是人与动物的区别。先是人的存在或在场，人才能具有自己的本质，绝对自由是人的本质的体现，他认为："如果存在先于本质，人就永远不能参照一个已知的或特定的人性来解释自己的行为，换言之，决定论没有一个是自由的，人就是自由。"也就是说，每个人的存在是先于其本质的，每个人的本质都是由自己决定的，因此人是自由的。正因为人是自由的，所以人在自由选择与行动过程中就必然产生责任，因为每个人自由的行动都会产生一定的后果，那么行为后果应该由谁负责呢？由于先于存在本质，而本质就是每个人选择的结果，唯一能够承担这种行为选择责任的就是自己，每个人的选择是自定的，不是外界强加的，所以人必须对自己的选择负责。因此，每个人必须对自己的选择及其选择带来的一切后果负全部责任，不仅对自己负责，而且要对其他一切人负责。因为人在选择、塑造自己的形象时，也是在为人类选择、塑造形象。因此每个人的责任必然牵涉人类的生存与发展。

萨特的责任是从自由观衍生出来的。同时责任又是来自自由内部的一种内在的限制，每个人面对自身的责任时都没有任何的托词，"不论我做什么，我都不能在哪怕是短暂的一刻脱离这种责任"，责任与自由相伴而来，不容推卸，责任是绝对的，是不容置疑的。萨特认为，自由是一种纯粹的主观性，表现为行动时就是自主选择，人只有通过选择才能证明自己的存在，才能造就自己的品质人格。每个人都要面对世界，对自己具有什么样的人格作出选择，这也就意味着，人在为自己作出选择时，也为所有的人作出了选择。萨特给个人选择赋予了社会意义，人在选择时，不仅要对自己负责，也要对所有的人负责，人的每一个行动都会影响他人，人不仅对自己而且对他人成为一个什么样的人应负责。同时，萨特把责任无限扩大，他认为责任无处不在、无时不有，一个人只有通过不断的选择才能证明自己的存在，而在这种不断的选择中，一刻也不能离开责任。并且萨特把这种责任扩大到全人类范围的责任，通过抽象的、绝对的自由达到个体责任与社会责任的统一，是对自由与责任的一种更高层次的要求。

二、当代西方兴起的责任伦理思想

（一）马克斯·韦伯的责任伦理与信念伦理

马克斯·韦伯于1919年在《以政治为业》的演讲中对"信念伦理"和"责任伦理"进行了区分，他认为信念伦理就是以终极价值为最高道德信仰的，是指向终极价值的，而责任伦理是对可预见的行为的后果的伦理追问，强调伦理价值的根据在于行为的结果。从这一角度看,他要求行动者为自身的行为后果义无反顾地承担起责任。马克斯·韦伯认为责任伦理与苦行主义、人士主义有很强的亲和性,是亲教徒的伦理。从这个角度看,责任伦理也是宗教伦理。亲教徒的责任伦理是由预定论的上帝所决定的,马克斯·韦伯认为预定论使责任伦理成为可能。理性认识是人认识世界、把握规律的逻辑,并在经验世界中得到发展,并在政治、经济、文化等诸多领域诉诸责任。责任伦理是一种与现代人所面临的特定价值处境相适应的伦理原则,它为现代人如何阐释生命的意义,如何作出自己的价值决择提供了方向。

(二)汉斯·约纳斯的整体性责任伦理

20世纪著名的哲学家汉斯·约纳斯在1979年出版了《责任原理——技术文明时代的伦理探索》一书。约纳斯在这本书中提出了一种不同于传统伦理的科技时代的责任伦理,在全球首创一种责任伦理学。约纳斯的责任伦理学并不是像传统伦理学那样去研究人与人之间的道德规范,而是力图给科技时代的伦理规则以本体论的解释。责任伦理学遇到从未有过的新责任难度,即考虑人类生活的全球环境和遥远的未来甚至整个人类种族的存在问题,把人类存在作为责任伦理学的关注核心。

第三节 培养大学生责任感的教育模式

顾明远教授主编的《教育大词典》对"教育模式"(educationalpat-tem)有如下解释:(1)教育在一定社会条件下形成的具体样式;(2)反映某个国家教育制度上的特点的模式;(3)某种教育和教学过程的

模式，反映活动过程的程序和方法。①《辞海》对模式的解释是"亦译'范型'，一般指可以作为范本、模本、变本的式样"。并指出"在社会学中是研究自然现象或社会现象的理解图式和解释方案，同时也是一种思维体系和思维方式，有进化模式、结构功能模式、均衡模式和冲突模式等"。《现代汉语词典》将模式解释为"某种事物的标准形式或叫人照着做的标准样式，如模图、模化"。在英文中，"现代一般认为'模式'这个术语是英文 Model 的汉译名词之一，Model 还可以译为'模型''模范''原型''典型''样式''模特儿'等等"。

参照上述各种解释及在实践中运用的情况，我们可将社会学中的模式理解为事物结构的标准式样，其基本内涵：（1）模式属于事物结构的范畴，包括外部形态、内部结构、运行机制与程序等要素；（2）所谓标准式样，是指经过概括化的，具有明晰的功能、结构与操作程序，可供人们模仿的范本或模本；（3）事物因自身的发展和所处环境条件的不同而发生结构性变化，并形成基本结构相同、而具体式样不同的多种变式。正是事物变式的多样性，决定了同一事物模式的多样性。但凡特指的某一种模式，实际上是事物多种变式中某种特定的变式，因而不同的模式总是相比较而存在的。教育模式是教育结构的标准式样，是在一定的社会历史条件下、教育思想与教育理论的指导下建立起来的较为稳定的教育活动的结构框架和活动程序。责任教育已成为全球共识。《学会生存》确定"使每一个人承担起责任"为教育方向之一。各国政府和组织注重培养责任公民。里可纳将"尊重和责任"作为普遍道德价值观核心：（1）重视责任教育成共识，部分国家纳入教育纲领或法

---

① 顾明远. 教育大词典 [M]. 上海：上海教育出版社，1997.

规；(2) 内容拓展至全球、环境、代际等；(3) 多学科支持；(4) 注重体验和实践，反对灌输；(4) 取得丰富理论成果，如认知发展、价值澄清、社会学习、体谅关心理论等。它具有以下特点：

第一，教育模式涵盖的内容与层次性。在教育的分类系统中，各个层次以及各种类型的教育皆存在着相应的模式，因此，教育模式作为教育结构的标准式样，同教育在涵盖的内容与层次上是完全同一的。只有基于这一认识，在教育模式研究中才能有明确的内容界定与层次定位。例如，当我们从整体上研究教育模式时，其内容应是教育制度、体制与人才培养两方面的统一，而不应只用其中一个方面的模式，以偏概全。再如，在研究培养模式时，对其内容就有三种不同的理解：一种是将培养模式理解为目标模式，如专才、通才、复合型人才等；一种是将培养模式理解为过程模式，如教学模式、课程模式、方法模式等；一种是将培养模式理解为目标与过程的统一。从培养模式的内容界定与层次定位出发，第三种理解是正确的，而前两种理解是片面的，也是容易产生歧义的。

第二，教育模式的独特性。教育模式作为教育的不同变式是相比较而存在的。一种模式的形成与发展及其利弊，总是以其独特性为依据，而这种独特性只有在与其他模式的比较中才能显现出来。例如，苏联教育模式是同欧美教育模式相比较的，中国传统教育模式是同外国或西方传统教育模式相比较的。因此，教育模式的研究不应孤立地进行，必须从中外、古今、新旧之中确立一个比较的坐标进行深入的比较研究，如此才能对原有教育模式作出准确的划分，也才能作出具有独特性的新教育模式的设计。

第三，教育模式的多样性。教育变式的多样性决定了教育模式的多样性。就环境因素而言，历史条件与民族传统、时代不同，社会发展水平与社会需求不同，势必要求以多样化的教育模式适应多样化的环境与社会多样化的需求。就教育自身而言，教育是一个非常复杂的系统，包括各级各类教育及各级各类教育中发展水平不同、个性各异的受教育者，只有以多样化的教育模式才能实现多样化的教育任务。在教育系统中，任何一种模式都是有局限的，试图用某种单一的教育模式来应对社会多样化的需求与教育多样化的任务，是不可能达到预期效果的。

第四，教育模式的中介性。教育模式研究作为一种研究方法，是理论研究与教育实践之间的中间环节。《国际教育百科全书》指出："模式可以被建立和被检验，并且如果需要的话，还可以根据探究进行重建。它们同理论有关，可以从理论中派生，但从概念上说，它们又不同于理论。"也就是说，教育模式不是纯理论的形态，但却需要理论的指导，或以某种理论的假说为依据，而具有理论性。同时，它也不是直接的教育实践，但却必须能直接指导和规范教育实践，并直接接受教育实践的检验，因而具有很强的实践性。由此可见，教育模式的研究，既是沟通理论与实践的中间环节，也是实现理论与实践相互转化的中介条件。因此，对促进理论与实践的结合及教育的创新具有重要的意义。

第五，教育模式的稳定性与发展性。当某种教育模式一旦建立起来，并广泛进入教育实践领域，尤其成为一种教育传统的时候，便具有很强的稳定性。但随着社会的进步与教育的发展，教育模式出现变革。万古不变的教育模式是不存在的，任何一种教育模式若被僵化或绝对化，都会阻碍教育事业的发展。因此，辩证地认识和把握教育模式的稳定性与发展性的关系，是教育模式研究与教育改革必须解决的一个重要问题。总之，从高等教育的角度看，可以把大学生思想教育模式分为以下五种。

一、理论认知的主体育人模式

理论认知的主体教育模式是着眼于引导和帮助青年大学生学习掌握马克思主义的立场、观点和方法，确立建设中国特色社会主义的共同理想，树立正确的世界观、人生观、价值观，具有社会主义核心价值理念，为坚持党的基本理论、基本路线不动摇打下坚实的理论基础。对大学生进行马克思主义基本原理教育和思想道德修养教育，要坚持用中国化的马克思主义，特别是用中国特色社会主义理论指导社会主义新的实践，通过积极推进理论武装和理论创新，不断巩固和提高我们党在意识形态领域的指导地位，确保大学生思想政治教育的正确导向，确保为社会主义培养理想信念坚定、具有爱国主义情怀、具有高尚道德情操、具有科学思维方式的社会主义合格建设者和可靠接班人。因此，要系统地对大学生进行马克思主义教育。

二、知行合一的实践育人模式

实践教育是一种有效的育人方式，是大学生有组织或自发地运用课堂上获得的理论知识、间接经验、感受，开展与大学生的健康成长和成才密切相关的各种应用性、综合性、导向性的实践活动。通过参加实践活动，大学生能够进一步坚定理想信念，深化对理论知识的认知。如通过开展"三下乡""四进社区"的社会实践，让大学生感受社会的发展变化，增强社会责任感；通过参加公益劳动、社会调查、社会服务、勤工助学、挂职锻炼等各种社会实践，使他们加强对理论知识的理解。社会实践是理论认知的主体教育模式的有益补充，是大学生思想政治教育不可或缺的重要载体形式。在实践性教学过程中，大学生不再是被动的接受者，而是积极的参与者。在实践活动中，大学生不只是做笔记、死记硬背，还必须针对实际问题进行独立思考，认真钻研，作出判断。在这一系列主动行为中，大学生的主体性能动性得到充分发挥。大学生通过走入社会进行实践活动，可以增强对所学理论知识在实践应用中的认知，特别是深化对马克思主义中国化的了解，加强对中国共产党领导下的社会主义中国所取得伟大成就的肯定，坚定走中国特色社会主义道路的信心和决心。

三、文化熏陶的环境育人模式

文化在大学生思想教育中主要起到熏陶作用，而影响大学生思想教育的环境因素主要包括社会环境、家庭环境和校园环境，这里重点研究如何发挥校园文化建设在思想教育中的熏陶和感染作用。校园文化是指学校全体师生员工在长期的办学过程中培育形成并共同遵循的最高目标、价值标准、基本信念和行为规范，它是一种管理文化、教育文化、制度文化和组织文化，是一种特殊的文化教育因素。由于文化本身的特性，校园文化蕴藏着潜移默化、点滴渗透的重要育人功能，先进的校园文化能陶冶大学生的情操，有助于大学生形成正确的世界观、人生观、价值观，促进大学生健康成长成才。

四、情感互动的服务育人模式

情感互动的服务育人模式是指学校的教师、干部、职工为了实现育人的目标，在从事自己本职工作的过程中，以一定的形式，对大学生进行直接或间接的教育，并在教育过程中融入情感，做到以情动人、以情

171

感人,最大限度地激发大学生全面成才的内在动力的教育模式。针对目前大学生的思想状况,我们要转变育人观念,增强服务育人意识,把大学生思想教育与管理育人和服务育人有机地结合起来。要将大学生工作从管理型的工作模式转向教育型、服务型的工作模式,要为大学生的成长成才创造各种有利条件,优化校园育人环境,要把握大学生在学习、生活中不同层次、不同方面的合理需要。要实现服务最优化,要为大学生提供各种生活服务,改善生活环境,提供勤工助学服务,帮助困难大学生顺利完成学业,提供学习服务、就业服务、心理咨询服务,促进大学生全面发展。

五、与时俱进的创新育人模式

创新是思想政治教育工作的灵魂,它贯穿思想政治教育全过程,只有不断创新才能使思想政治教育工作充满生机与活力。在与时俱进的创新教育研究过程中,一方面,在已经建立起来的如"挑战杯"、创业计划大赛、学术科技论文大赛等创新教育模式的基础上,进一步探索创新教育新模式,通过建立大学生创新创业园等,提高大学生运用知识和创新创业能力,充分发挥创新教育模式在大学生思想政治教育中的导向作用,更好地为思想政治教育工作服务;另一方面,对思想教育工作进行创新,建立网络大学生思想教育阵地等创新教育模式,引领大学生的时代潮流。当今的教育环境要求我们必须解放思想、与时俱进,积极大胆地进行创新教育模式探索,诸如观念创新、制度创新、方法创新和手段创新等。

构建大学生思想教育模式的整体认知模型。社会的发展和大学生身心发展,决定了大学生思想政治教育必须是整体性教育,新时期思想教育工作必须转变教育观念，对教育手段和经验加以整合。要紧紧把握社会发展规律和大学生成长成才规律，树立以人为本的教育理念，从大学生的内在需要出发，引导大学生把个人的成才目标与学校的教育目标统一起来，继续坚持和完善如教书育人、实践育人、活动育人、管理育人、服务育人、环境育人等教育形式，在此基础上，进一步加强各种思想教育模式的整合研究，使课堂教学、社会实践、校园文化、管理服务等教育模式相互作用、相互渗透，形成完整有效的思想教育系统，使系统内部诸要素之间达到最优整合，使整个教育系统的结构和功能达到优化。在这五种模式中，其中理论认知的主体育人模式、文化熏陶的环境育人模式和情感互动的服务育人模式对大学生进行的是一种认知和人文教育；知行合一的实践育人模式对大学生进行的是实践教育；与时俱进的创新育人模式引导大学生在学习和实践中不断创新，是培养大学生的创新思维和创新能力的教育模式。

  培养责任感的教育模式，首先要进行理论认知教育，其次进行实践教育，大学生在实践中对理论进行再认识，而大学生对理论的再认识过程也就是创新过程，这符合哲学观点，即认知→实践→再认识（即创新）。各种教育模式应该互相渗透，相互融合，而不能相互独立，在教育过程中只有五种育人模式协调运用，协调发展，才能达到和谐统一，思想教育工作才能做得更好，取得较好的育人效果。大学生素质教育的目标就是培养具有综合素质、全面发展的人才，这就要求大学生要积极有效地适应、接受和利用各种教育模式，认真接受课堂教学、校园文化和管理服务等模式的认知教育，不断积累理论知识；积极参加社会实践，接受实践教育，在实践中锻炼成才；不断培养自己的创新意识和创新能力，在实践中不断创新，实现人的全面发展。

第四节 当代大学生社会责任感形成途径

一、引导大学生树立正确的服务观

随着我国对外开放的进一步深入，多元文化对当代大学生的世界观、人生观和价值观产生了巨大冲击，体现为现代志愿者参加志愿服务，不是从内心自觉自愿地参加，而是有许多外在的因素掺杂其中。因此，为了培养大学生的责任感，首先应引导大学生树立志愿服务意识。为了鼓励更多的同学加入志愿服务的队伍中，学校应采取一些激励的措施。同时我们应该意识到，在服务别人之时，我们也提升了自己并得到了别人的认可，实现了我们的价值。这是志愿服务者应该树立的正确志愿服务观。正确的观念意识会使志愿服务者在实践过程中产生荣誉感、自豪感和幸福感，从而不再计较个人得失，凝聚成服务社会的信念。这样的信念能使我们长久地坚持，不仅仅是在某个时间根据自己的个体需要去践行，而是发自内心认同，能够将志愿服务日常化、生活化。

二、建构多样化的大学生服务平台

当前的大学生志愿服务平台较为单一，服务范围主要集中于某些大型活动，服务方式也相对简单，与他们所学的专业联系不紧密，难以激发大学生在无外界奖励政策的情况下主动加入到志愿服务的队伍中来，然而仅仅依赖外界的奖励政策，这样的志愿服务活动难以长久地开展和坚持。因此，为了增强大学生志愿服务行动的动力，提高大学生参加志愿服务的兴趣，高校及政府有关部门应为大学生建构多样化的志愿服务平台，这样的平台建设尽可能地与大学生的专业相结合，使大学生在志愿服务的同时，也能巩固自己的专业知识，学有所用，体现学习的价值。这样的兴趣和动力与外在的奖励相结合，将会使得大学生坚持参加志愿服务。根据大学生所学专业为他们设置不同的服务平台，例如，针对心理学专业的大学生可以设置一个心理援助平台，教育类相关专业的大学生可以为农民工孩子、孤儿院等弱势群体提供志愿服务，技术类专业可以为许多非营利部门提供相对应的技术支持等，以增强大学生服务平台的适应性。

三、加强高校校园文化建设，营造德才兼备的育人环境

校园文化的育人功能是促进人全面发展不可替代的一部分，高校校园文化建设要想真正达到育人目的，就要重视文化育人功能。通过思想政治教育传递给大学生一些基本理论知识和相对稳定的价值观念，围绕高校教育的培养目标，培养大学生养成尊老爱幼、团结协作、爱国敬业、诚实守信等人格品质，为生产、管理、建设、服务一线岗位培养高等技术应用型人才和高素质实用型人才做好充分准备。育人环境包含校园物质文化环境与精神文化环境。

校园物质文化环境就是高校校园文化建设的物质载体，作为一种客观的物质存在，能为人们感知和直接触及，具有直观形象的教育特点，对全体教职员工和大学生产生潜移默化的精神影响，从而达到物质感化的作用。高校校园物质文化就是高校的物质财富，是开展人文教育、教学活动的物质基础。物质基础包括教学楼、办公楼、图书馆、教研设施、食堂、宿舍、实验实训场地、运动场等以及这些建筑设施内部的设

备与布置，当然，也包括校内的购物场所、社团俱乐部、卫生设施、道路规划、雕塑壁画、花草树木、园景布置等能够顺利开展人文教育、教学活动的物质条件。物质是人创造的，物质是人的精神的外化。随着教职员工的工作和大学生的学习等实践活动的不断开展，校园物质条件增多，并不断地积累。校园内每一个物质形态都体现了校园设计者和建设者的价值观、审美观，蕴含着使用者的思想感情等内容，潜藏着无形的精神力量。物质文化已成为校园一种对过去历史的沉淀，构建合理、规范、科学的物质文化环境是大学生校园文化建设的内在主导性力量。

精神文化是高校校园文化建设的价值层面，是高校校园文化建设的最高境界和根本体现。高校校园精神文化是指高校在长期教育教学活动和实践中逐步形成的，并为全体教职员工和大学生所认同的价值观念，是高校文化的核心和灵魂。苏霍姆林斯基曾说过："校园文化大而言之是根植于校园历史的一种精神积淀，是一种隐性的，又十分富有吸引力的亚文化系统。小而言之它则是一种潜在的渗透在校园每一块砖头，每一棵花草上的精神照耀，它无处不在、无所不含，是笼罩了整个校园的闪烁着理性光芒的浓浓气韵、淡淡情调和似有若无的融融氛围。"这说明精神文化是通过物质反映出来并相互之间有促进作用的，即"人创造环境，同样环境也创造人"。高校的教师既是校园精神文化的主体，同时又是校园精神文化的客体。教书育人是教师的天职。"学高为师，德高为范"是教师言传身教、为人师表的崇高精神，教师首先要接受文化教育，把理论知识内化，变成行为之后来感化学生。教师是传送校园精神文化的枢纽和桥梁，是一种特殊的文化精神载体，这是教师在校园文化建设中具有的特殊地位。因此，对教师提出了高标准的要求，特别是高校的教师。教师的人格品质、行为规范、敬业精神对大学生都起到潜移默化的作用，从而促进高校培养目标的实现。大学生也是高校校园文化建设的主力军。高校校园文化建设要紧紧围绕大学生，管理育人，坚持以大学生为本，以服务为宗旨，以就业为导向，形成以大学生为中心的校园氛围，充分发挥大学生榜样的示范作用，正确引导大学生积极参与高校校园文化建设，发挥主动性的、建设性的力量，在校园文化建设中焕发出更大的活力。

第六章

培育大学生核心素养和行为规范

习近平总书记在全国教育大会上强调:"坚持中国特色社会主义教育发展道路,培养德智体美劳全面发展的社会主义建设者和接班人。"教育是国之大计、党之大计。当今世界,经济全球化深入发展,科技进步日新月异,国际竞争日趋激烈,知识越来越成为提高综合国力和国际竞争力的决定性因素,人才资源越来越成为推动经济社会发展的战略性资源,教育的基础性、先导性、全局性地位和作用更加突出。中国的未来发展,中华民族的伟大复兴,归根结底靠人才,人才培养的基础在教育。教育是提高人民思想道德素质和科学文化素质的基本途径,是发展科学技术和培养人才的基础工程。大力培育大学生核心素养是发挥人力资源优势、建设创新型国家、加快推进社会主义现代化的必然选择。

第一节 培育大学生核心素养和行为规范的重要性

进入新时代,无论国际,还是国内无不关注核心素养教育问题。世界各国都把核心素养研究的兴起和发展与时代发展、社会变革密切联系在一起，它面向教育体系外的社会需求，是教育变革与发展的国际趋势。从全球范围来看，国际组织、一些国家和地区在核心素养的选取上都反映了经济社会发展的最新要求，强调创新与创造力、信息素养、国际视野、沟通与交流、团队合作、社会参与及社会贡献、自我规划与管理等素养，内容虽不尽相同，但目标都是一致的。2016年中国杭州名师名校长论坛主题是"面向未来的核心素养"，该论坛成员教育部关司局、省市教育行政部门的领导和世界各地知名专家等齐聚一堂，共同探讨在国际化背景下大学生核心素养的培育方向和路径。

一、大学生核心素养和行为规范培育的时代背景

一是全面贯彻党的教育方针，落实立德树人根本任务的迫切需要。把党的十八大和十八届三中全会提出的关于立德树人的要求落到实处，将党的教育方针、大学生德智体美全面发展总体要求和社会主义核心价值观的有关内容具体化，转化为大学生应该具备的核心素养，深入回答"培养什么人"的问题，明确大学生应具备什么样的行为规范才能适应终身发展和社会发展需要的必备品格和关键能力。

二是适应世界教育改革发展趋势，提升我国教育国际竞争力的迫切需要。当今世界多极化、经济全球化、文化多样化、社会信息化深入发展，世界各国都在思考21世纪的大学生应具备哪些核心素养才能成功适应未来社会这一前瞻性战略问题。面对日趋激烈的国际竞争，社会对大学生的综合素养和创新能力提出了更高要求，并且我国要深入实施人才强国战略，提升教育国际竞争力，也必须解决这一关键问题。

三是全面推进素质教育，深化教育领域综合改革的迫切需要。素质教育实施多年，取得了显著成效，但也存在社会责任感、创新精神和实

践能力较为薄弱，教材知识体系的系统性、适宜性不强，部分学科内容交叉重复等问题。也需要建立以"大学生核心素养"为统领的课程体系和评价标准，树立科学的教育质量观。

二、加强大学生核心素养和行为规范培育的必然趋势

大学生核心素养和行为规范培育的提出是时代的产物。教育部《关于全面深化课程改革 落实立德树人根本任务的意见》发布，文中提出了"要研究制订学生发展核心素养体系和学业质量标准"的任务，在国家层面上使用了"核心素养"的概念和要求。自此，"核心素养"作为一个正式词组，成为一个"热词"被广泛采用。教育领域关于核心素养的讨论如火如荼，无论是期刊文献，还是会议论坛，"核心素养"的身影无处不在。

首先，了解"核心"在《现代汉语词典》中的释义。"核心"是指主要部分，强调中心的含义，甚至是一个高度集中的"点"，"核心"是独一无二的，具有辐射功能，因此，"核心"似乎比"关键""主要""重要"更为凝聚、强调、"高大上"，更具有冲击效应。

其次，了解"素养"在《汉语词典》中的释义。"素"有本来的、质朴、不加修饰的含义，如素质、素养、素性。"养"有教育、训练的含义，如培养、教养。"素养"在《汉语词典》中的释义为：由训练和实践而获得的技巧或能力；平素的修养。在《现代汉语词典》中的释义为：平日的修养。"素质"在《汉语词典》中有三个释义：（1）心理学上指人的某些先天的特点；（2）事物本来的性质；（3）素养。在《现代汉语词典》中也同样有三个释义：（1）事物本来的性质；（2）素养；（3）心理学上指人的神经系统和感觉器官上的先天特点。

最后，再了解"能力"在《汉语词典》中的释义。"能力"是指掌握和运用知识技能所需的个性心理特征。一般分为一般能力与特殊能力两类，前者指大多数活动共同需要的能力，如观察力、记忆力、思维力、想象力、注意力等；后者指完成某项活动所需的能力，如绘画能力、音乐能力等。"能力"可以理解为个体所具有的能胜任某种活动的实力，或者是能够开展或胜任某一项工作的基础，可以是先天遗传下来的，也可以是从后天习得的，但由于"能力"是具体的、单一的，其范围比较狭隘而不完整，不包含态度、情感等层面。

由于"素养"有"平日的修养"之意，包含了"理论、知识、思想、态度"等不具体的、具有德行的、抽象性的含义；而"修养"一词，则是"理论、知识、思想等方面的一定水平"或"养成的正确的待人处世的态度"，所以"素养"有了"修养"的成分。"素养"相比较"素质"，虽然两者都强调了已经具有和达成状态，都是静态的意境，但是由于"素养"有了"修养"的成分，而"修"和"养"是两个动词，有动作和过程的词义，这样，"素养"的"过程"性便呈现出来。由于人的受教育是终身进行的，修养也是终身进行的，并无养成和达到的止点，"素养"一词能更好地应用于人的成长过程，能更好地体现出教育界重视的"教育、训练、培养、教养"等一系列动作过程。同时，"素养"的内涵比"能力"的内涵更为宽泛、全面，它不仅包括能力，还包括知识、态度、情感、价值观等，它体现为个体在面对生活情境中的实际问题与可能挑战时，能运用知识、能力与态度采取有效行动，以满足生活情境的复杂需要，达成目的或解决问题，是个人生活必需的条件，也是现代社会公民必备的条件，是一种大于和高于具体能力的，更具综合性的含义，符合全人教育的理念，与促进人的全面发展、适应社会需要的教育质量根本标准一致。因此，"素养"涵盖了"素质""能力"等词语的内涵，是一个综合性的概念。

"核心素养"作为一个新词出现，是具有科学性的，它的被认可并被热用正说明了它的生命力。然而，当我们仔细分析来自经济合作与发展组织和欧盟"核心素养"的内容时，"key competency"着重强调的是解决具体情境之中的具体问题的"关键能力"。因为在新的时代背景下，人的实际生活和社会发展经常面临各种复杂的情境，个体只有具备解决复杂情境中的实际问题所需要的素养，才能获得人生的成功和促进社会发展。欧盟的核心素养框架对素养和核心素养作出了如下的界定："素养是适用于特定情境的知识、技能和态度的综合。"此处的情境是指个人生活面临的情境，如社会情境、职业情境等。"核心素养是所有个体达到自我实现和发展、成为主动的公民、融入社会和成功就业所需要的那些素养。"这样"key competency"主要是指一个人成功应对实际生活中某种活动或行为所需要的"胜任力或竞争力"，它是由完成该种活动或行为所需要的知识、技能、态度等多种素质要素构成的综合性素质或整体性素质。人只有具备从事某种活动所需要的综合素质或整体素质，才能胜任这项活动并具有竞争力；而当一个人仅具有从事某种活动所需要的某个或某些方面的素质时，他不可能胜任这项活动并具有真正的竞争力。

key competency 有以下三个方面的特点：其一，指向具体的情境；其二，是可以观察、测量和评价的实际行动能力；其三，三者之间相互交叉，不能进行明显的区隔。不难发现，真正的"核心"点其实并不存在，核心素养属于素质或素养中的一种综合性或整体性的素质（素养）。"核心素养"研究突出的是当今时代背景中，人的成功生活和社会健全发展所需要的"核心素质""综合素质"。因此,"核心素养"其实就是指人成功应对复杂情境中的某种实际活动所需要的"综合素质",如此看来,核心素养其实是一个素养群,是由一个群里许多相关相连又可独立的结构块来构成的,因此,我们对"核心素养"绝不可望文生义,绝不能受汉语"核心"的狭义概念所桎梏。De Se Co 项目团队认为,首先,核心素养是对每个人都具有重要意义的素养,并且这些素养是能够发展与维持的。其次,核心素养是帮助个人满足各个生活领域(包括家庭生活、工作、政治、卫生领域等)的重要需求并带来益处的素养。最后,核心素养是有益于实现预期结果的素养。我们认为,对于"核心素养"的简单理解,可以是"最基本的、根本的、关键的、主要的、重要的、正确的、必备的、必需的;需要练成的、养成的、训练出来的、修炼成的、逐步增长的、不断提升的、拥有的思想、理论、知识、品格、态度、能力、技能、才能、本领、胜任力、执行力等"。正如 De Se Co 项目团队明确的那样,核心素养是指覆盖多个生活领域的,促进成功的生活和健全的社会的重要素养。"核心素养"是多维的、是整体的、是众多的,是一种集合。因此,中国进入了新时代,为适应社会发展的需要,必须加强大学生核心素养培育。

三、大学生核心素养和行为规范培育是创新型人才的重要基础

提升大学生核心素养是指提升大学生在专业成长或者说是未来职业发展的过程中应具备的综合素养。大学生职业素养概念的界定无统一观点,有含糊不清之嫌。综合起来,国内学者的界定有两类:一种是侧重讲专业发展过程的含义,另一种是侧重讲专业发展性质的含义。在现代汉语中,可根据构词方式对其进行解读,一种是大学生专业的发展,另一种是大学生的专业发展。前一种可被解释为大学生未来从事职业具备的较强的专业性，必须符合该职业的专业标准，这种专业标准是从事这个职业从普通专业逐渐发展成符合该职业的专业要求标准；后一种可被解释为大学生未来从事职业是由非专业人员成为专业人员，后一种解释更为强调个人的专业发展水平。结合国内外研究，可将大学生核心素养培育归纳为以下几点：一是大学生的专业成长过程是专业素质不断更新、不断演进和不断丰富的过程；二是大学生的专业发展还是一个多侧面、多等级、多层次发展的过程；三是大学生素养水平的程度；四是促进大学生所从事的职业素养所具备的外部保障。

大学生核心素养和行为规范培育的方向性体现在社会对当代大学生的要求上。当代大学生不仅应具有良好的职业道德、学科知识、教育教学能力，还应具有钻研精神，对自己的工作具有反思态度和积极探索的能力；大学生还应是一个成功的合作者，善于和同学、老师，还有未来的同事、领导、社区工作者、家庭成员沟通与联系；当代大学生核心素养观是复合性的，大学生发展的矢量特征就是要反映时代对大学生的这种复合性要求。同时，大学生发展必须把握改革开放以来我国教育方针政策对大学生的具体要求，这是提升大学生核心素质的必然要求。

大学生核心素养和行为规范培育是新时代大学生应该具备的基本素养，也就是所谓的底线，是大学生能力结构的统整存在，是大学生与教学情境的互动产物。知识社会文化的全球化、终身学习和反思性教学理念的发展、大学生核心素养价值联动以及大学生发展的内在需求促使了大学生核心素养的生成。大学生核心素养不是简单的知识或技能，而是既包括一般意义上的知识与能力，也包括情感、态度与价值观。大学生核心素养不仅是一个不断积累学科知识的过程，也是学习能力不断提高、专业情意逐渐培养的过程。因此,研究和探索如何提升大学生核心素养培育,对促进大学生全面发展、完善大学生核心素养和行为规范培育保障措施、提高人才培养质量工程等具有一定的现实意义。

第二节 大学生核心素养和行为规范培育的概况

党的十九大报告提出"优先发展教育事业。把教育事业放在优先位置,加快教育现代化,办好人民满意的教育"。在此背景之下探讨如何培育大学生核心素养等问题,以深入了解与掌握当前我国大学生核心素养培育的具体情况,着力构建大学生核心素养提升保障机制,使大学生充分发挥自身的特长和优势,更好地适应现代化社会发展的要求。高校是大规模培养高素质劳动者和技能型人才的场所,为全面适应我国深化改革和产业优化升级、结构调整、企业生产技术革新、民生改善和创造条件让每个大学生都有出彩的机会等做好准备。近年来,政府高度重视教育事业的发展,特别是相关文件的颁发,充分体现了"教育为本,立德树人"的育人目标。

核心素养是胜任某一项工作所必需的所有要素的综合,是为了完成工作所需要的个性心理特征,是理论知识与工作技能、方式、工作态度的总体呈现。因此,培育大学生的核心素养是高校可持续发展的关键。提升大学生的核心素养,就是要建设一支结构合理、素质优良的大学生队伍。为更好地了解与掌握当代大学生核心素养的具体情况,可以对一些高校进行抽样调研,调研的主要对象是高校人事主管部门工作人员、学工干部等,了解大学生核心素养和能力培养的相关问题,查阅关于大学生核心素养和能力培养的制度、政策措施等，同时收集全国各地有关大学生核心素养培养的资料，并对调研掌握的情况进行深入分析。

一、当代大学生核心素养和行为规范培育的基本概况

从高校教育的维度上看，高校本应该致力于大学生核心素养培育，全力服务社会经济的全面发展；但高校在培养人才方面存在一些问题。一方面，高校的功能定位不够科学，以就业为导向、以能力为本位的目标取向不鲜明；另一方面，行业、企业参与高校教育的积极性不高，不少企业尤其是一些劳动密集型企业缺乏长远观念，过分重视眼前利益，片面追求用人的低成本，普遍招收学历较低或未经职业培训的员工，在一定程度上冲击了教育事业的健康发展，也影响了企业自身的发展。与此同时，高校在人才培育方面也存在问题，突出表现在以下几个方面：一是人才结构失衡，存在"高端技能型人才短缺"问题、部分专业"人才过剩"问题，以及一些专业所培养出的大学生不能满足产业集群发展及产业结构调整、升级的用人标准问题；二是人才素质不高，社会经济发展往往需要上手快、岗位动手能力强的高技能人才，但由于受人才培养模式及办学客观条件的影响，高校所培养的人才在素质、能力结构上难以满足企业发展的需求。而且有的高校为了表现学校的"大气"，在专业设置上盲目追求多而全，以专业数量的增加作为学校发展较快的亮点和谈资，有的高校盲目开展人才培养，缺少对市场需求的动态跟踪与调适机制。因为很多高校普遍重视新专业的申报而忽略后期对专业建设的投入，缺少对专业长期发展详细而周密的规划。有的高校开办的专业缺乏相应专业的教师，所以专业不稳定，同时对社会潜在的人才需求缺乏应有的调查研究，对已经开设的专业缺少及时的更新与新知识的补充，对未来有可能遭到市场淘汰的专业也不能及时予以调整。有的高校没有重视特色专业（优长专业）建设的优势，重复开设一些成本较低并且属于服务性行业的专业，这些重复多的专业培养的学生不一定是区域发展的稀缺人才。

从现阶段的大学生核心素养和行为规范培育的实际情况来看，高校十分重视大学生核心素养培育，总体趋势较好；但是，随着信息化的快速发展，科技的更迭和社会的进步，很多、高校教师缺乏继续教育，完全依靠原掌握的知识进行教学，不能推陈出新，无法掌握当前的新技能、新知识点和新科技，导致教学与社会接轨、按照市场需求培养人才变成了空谈。简言之，目前大学生凭借现有的核心素养和能力不能很好地适应社会高技能人才培养的需求。也就是说，高校教育教学的完成过程应该以大学生核心素养为出发点，因为一旦缺失核心素养和能力提升保障，也就意味着高校教育或人才培养与社会脱节，无法适应服务社会经济发展。但是，大学生核心素养培育提升光靠学校是难以实现的，比如，大学生培养专业技术需要到行业、企业去实践锻炼，而行业、企业配合和参与培养大学生的核心素养和行为规范的积极性不高。近年来，虽然政府颁布的一些关于高等教育方面的文件都涉及教育实践的具体内容，但针对大学生核心素养培育方面的文件却很少，只制定了大学生在毕业之前需要到行业、企业进行顶岗实习的相关制度，并没有要求企业或行业人员必须参与大学生的相关培训任务，从而形成了大学生需要到企业去实践的单方行动计划，这显然是不科学的。所以，政府应该制定政策，激发企业中优秀的职工到高校参与教学活动，带领大学生，特别是在校大学生进行实操训练，形成"学徒制"的"互动"发展模式，进而使大学生核心素养的培育成为企业和行业的一种社会责任，并明确制定高校和企业人才流动的相关制度，提高其培育大学生的核心素养能力，同时满足为行业、企业人才需求奠定基础、做好准备。

政府缺乏主导培养大学生核心素养和能力有效的政策激励机制。目前，高校虽然按照政府相关的文件要求制定了大学毕业生的顶岗实习制度，但对大学生顶岗期间薪酬问题并没有明确规定。大学生在企业顶岗实习期间，承担了企业的一部分工作，减轻了企业的负担，但企业对顶岗实习的大学生的付出不够重视，为此，大学生顶岗实习的积极性也受到了很大的影响。而高校用比高校内部教师更高的课时费聘请企业人员到学校讲学，企业人员因时间等诸多问题也很少进入学校讲学。由此推论，政府应当主导建立健全激励高校大学生到企业进行实践锻炼的制度，特别是要选择一些在经济规模、科技含量或者社会影响力等方面在同行同类中具有领先地位，且与高校的教学、科研和发展有密切联系，具有校企合作和开展职工培训经验的企业。与这样的企业合作，大学生既可以快速把握企业发展现状，又可以将企业的基本情况与高校的教学紧密结合，实现高校专业发展与行业发展接轨，同时拓展自身的专业知识，提升专业技能。此外，大学生可以与企业科技人员一起进行技术攻关，可以利用高校的科研优势，帮助企业进行新产品的设计与开发或解决生产中碰到的技术难题等，也可以主动参与企业管理，用自己所学的知识积极努力地为企业解决难题等。总之，要加大支持和保障力度支持和鼓励大学生到企业实习锻炼，要对政策、经费、时间等方面的绩效考评方法最大限度地给予支持，形成制度激励大学生参与企业的各项工作。高校也要聘请一批具有行业影响力的专家作为专业带头人参与教学活动，与高校教学管理人员一起进行专业建设、课程改革、课题研究，增强大学生专业实践能力等。

企业参与大学生核心素养培育的积极性不高。企业特别关注从高校中得到符合企业需要的人才，但是在大学生核心素养培育过程方面，企业关注度不够。虽然学习的整个过程中有顶岗实习的制度，但是大学生顶岗的时间一般比较短，企业很难一下子让大学生接触核心的技术。大学生的实践教学能力与企业的期望值存在着一定的差距，在新的时代背景下很难满足企业的发展需求，导致企业对大学生核心素养培育的参与度并不高。高校教育是一种跨界教育，大学生核心素养的培育需要"企业"的联合培育，但是在监督方面还存在一定的问题。例如，随着高校教学改革以及人才培养需求的不断提升，高校的校企合作工作有了新的进展，不断完善合作过程中的各种细节。然而，在当代大学生的核心素养和行为规范监督方面，企业并没有起到明显的监督作用。企业发展规划中并没有涉及人才来源的因素，缺乏对大学生核心素养、能力和企业人才教育之间关系的梳理。企业应该把大学生核心素养作为企业认证的重要指标之一，并加大校企双方合作的力度。对此，企业应该主动承担培养人才任务，并制定一些有效地监督大学生核心素养培育的相关制度。

大学生对自身核心素养和行为规范的提升认识不足。大学生的核心素养和行为规范的提升是大学生个人成长的必然过程，也是高校提升教育质量的内在动力。但是，现实生活中不是所有的大学生都认识到了核心素养和行为规范提升的重要作用。一个优秀的大学生不仅要把自己所学的专业当作自己未来的职业，而且要用心地去做好这个职业，既要具备"只有更好，没有最好"的专业精神，又要具备"德才兼备"的人文理念，并且要努力学习、钻研业务，与时俱进，养成苦耕不辍创新学习目标的精神，不断探索学习规律，反思学习实践，追求学习艺术，提高学习能力水平。业务学习没有完成时，只有进行时，大学生要养成终身学习的理念。可以说，进入新时代，学习已经成为每个大学生生存和发展的一个要素，特别是在专业成长方面尤为重要。此外，作为一名当代大学生，个人的一举一动对社会都会产生一定的影响，一个品行兼优的大学生能够影响一群社会成员，大学生要主动担负起现代化建设和中国特色社会主义事业建设的重任。所以，大学生不仅要具备丰富的专业知识，还要具备正确良好的修养、丰富的经验。大学生的核心素养和行为规范培育实质上反映了整个大学生的培养和管理模式，它包含了大学生自身的专业能力素质和大学生对自己的责任和自律。因此，高校的大学生更应该用知识分子、优秀的人格、社会的精英等条件来严格要求自己，勉励自己。另一种观点认为，在传统的高校观念中，教师是教学的主体，教师教什么，学生就学什么，没有充分发挥学生的主体地位，导致教师至上，师道尊严的背后掩盖着大学生核心素养和行为规范的漠视或遗忘。传统的观点仅仅把学校作为大学生发展的场所，甚至在许多重要的教育改革理论中，不断地强调大学生专业发展、大学生的主体地位，但没有关注到大学生的核心素养和行为规范方面的问题。显然，这是出于把教育仅仅理解为是单向的知识传递的陈旧观念。加强大学生的核心素养和行为规范培育研究，正是为了适应教育从单向度知识传递到多向度文化融合的历史性变革。

二、大学生核心素养和行为规范培育的优势

近年来，随着优质学校质量提升工程的实施，形成了"虹吸效应"，高校吸引了很多优质师源，加上政府对提高学历及素质培训的鼓励及扶持，通过"绿色通道"（人才引进）、"公开招考"等方式引进

优秀人才，高校的师资队伍建设成效初显。如有的大学生是从高校毕业选择到高校当的教师，这类教师通常掌握了丰富的理论知识；有的是从行业、企业调入高校当的教师，他们相对于前者而言，理论知识、教育教学经验相对薄弱，但实践经验十分丰富，符合高校大力提倡建设的"双师型"教师队伍要求，如在医院从事多年医生岗位的医生到高校给临床专业的大学生授课等，虽然，这类教师学历不一定高，但是实践能力强，他们进入高校不仅能教好大学生，还能培育好大学生的核心素养和行为规范。

从知识素养的维度看，大学生的核心素养和行为规范培育概括为教育知识、专业知识、实践性知识和文化知识四个方面。教育知识和文化知识是从事职业教育的基础，专业知识是大学生进行专业技能教学的基础，实践性知识把理论知识和实践操作进行有效的整合，这些都是高校教学工作所必需的重要知识。因大学教师教学工作的特殊性，大学教师不仅要会教，而且要会做（具体操作），所以，大学生的核心素养和行为规范的培育更突出强调"学用结合"的教育智慧，引导大学生创造性地运用教育知识、专业知识、实践性知识和文化知识去处理和解决实际运用的具体问题，这蕴含着创造性思维的再生性、个性化知识等。

从能力素养的维度看，大学生的核心素养和行为规范培育包括基础能力素养、专业能力素养和创新能力素养三个层次。第一个层次是基础能力素养，即最基本的具有普遍意义的能力，是所有教育类型大学生必备的能力；第二个层次是专业能力素养，即大学生完成教育教学任务的能力，是作为专业性很强的类型大学生所应具备的带有明显地区别于普通教育类型大学生的专业能力；第三个层次是创新能力素养，是超越专业能力素养之外的重要的方法能力、社会能力以及个性化能力素养，是能力素养层次中级别最高、最关键的素养,是衡量大学生素养的核心指标。这三个层次的能力素养紧密联系,相互作用,相互依存。创新能力素养是在基础能力素养和专业能力素养基础上的一种提升的表现,没有扎实的基础能力和专业能力素养是不可能具备创新能力素养的。

从人格品质的维度看,当前,大学生的人格品质总体向好的趋势发展。人格是指"个人的尊严、价值和道德品质的总和,是人在一定的社会中的地位和作用的统一"。人格本身是人的一种本真属性,是每一个人最基本的特征,并表现为人在社会生活中扮演的角色。大学生在大学期间得到了良好的教育,充分体现了大学教师"其身正,毋令则行,其身不正,虽令不从"的教育格言。可见大学教师榜样的作用是巨大的,身教重于言传。大学生人格素养行为规范的形成源于高校教师的品格。大学生的核心素养和行为规范培育是高校教育的一种标准,所以,大学生注重自身人格素养的建设和发展,势必会对社会成员核心素养的形成和发展产生潜移默化的影响。

三、大学生核心素养和行为规范培育面临的问题分析

大学生的理想信念有待于加强。高校培养的大学生认为自己今后都是到一定工作岗位上去工作,只要学好专业知识和掌握一定的职业技能即可,培养大学生掌握一门专业技能是高校教育的主要任务。而高校对于大学生理想信念教育等问题不太关注。在高校里,教师不仅仅是大学生最信赖的群体,而且是大学生的主要学习对象,特别是专业课的教师。大学教师的一举一动、一言一行都会影响到大学生。所以,教师要传播给大学生正确的政治信念,正面引领大学生,帮助大学生在成长的过程中树立正确的价值观,保持清醒的头脑,及时纠正不正确的言行规

范。因此，高校要为大学生的核心素养和行为规范培育搭建更好的平台，促进党员大学生加强自身的政治意识，增强党性修养。首先，学校党委要高度重视意识形态工作，经常组织本校大学生开展政治理论学习，并邀请地方领导干部或党校大学生到高校来讲党课，通过讲解增强大学生的党性意识，提升大学生的理论水平。其次，通过加强基层党的建设，积极开展形式多样的党建活动，吸引非党员大学生参与，使其在其活动中受到教育，树立正确意识。最后，加强制度建设，强化意识管理。针对存在的问题，提出解决的办法并形成制度化的管理模式，高校不仅要教大学生学会做事，更要教大学生学会如何做人。树立良好的校风、教风、学风，使理想信念教育落在实处。

大学生的社会责任感有待增强。高校教育的价值要在应用中才能得到体现；而在高校的教学过程中，大学生的职业技能缺乏实际应用的环节。虽然，校内外会定期或不定期举行大学生技能大赛，大赛的结果是评价了大学生专业技能水平；但是，不能具体反映大学生技能的社会价值。如临床专业的大学生在技能大赛中讲述治病的方法和具体操作的过程，对于治病的结果只能是一个期望，实际临床结论还有待实践的检验。如果长期处于这种环境之下训练，大学生的社会责任感就会弱化。因此，高校要通过社会实践活动，加强与企业、行业的合作，组织大学生走入基层、走入企业进行实践，从而使大学生感受到社会发展的实际需要，产生较强的社会责任感，以帮助大学生更好地融入社会之中。

大学生的专业精神有待于提升。专业精神可被理解为精益求精的业务追求；但是，在高校调研交流、访谈中发现有的大学生把自己的事业当成谋生的手段，缺乏专业精神，大学生学习只是为了今后找到好的就业岗位，有的大学生甚至没有明确的学习目标。因此，加强大学生专业精神培育是培育大学生核心素养和行为规范的重要环节。大学生是教学过程的主体，同时也是专业精神的传播者。大学生要树立专业精神教育的意识，要具备深厚的专业精神素养，如果不如此，高校的专业精神教育便会成为"无源之水，无本之木"。大学生的核心素养和行为规范培育就是要培养大学生具备高度负责的态度，以良好的思想、道德、品质等显示出大学生的优良形象。大学生的专业精神在人才培养中占主体地位，提高大学生的专业精神素养是全面推进素质教育的重要组成部分。为此，要把大学生的专业精神教育纳入学校素质教育的整体规划中。要将大学生专业精神素养的培养和学校学科建设的实施结合起来，把提高大学生的核心素养和行为规范培育作为师资培养的重要内容，列入培训计划。并根据各校的实际情况，在分析本学校大学生专业精神素质状况的基础上，有针对性地举办各种针对大学生的专业精神知识讲座和研讨会。大学生应该把专业精神教育融入日常的教学活动中，专业任课老师要通过与大学生的接触交往渗透专业精神教育，充分发挥专业精神的典范作用。高校教师要增强传授专业精神的责任意识，在提高自身专业技术水平的同时不断加强自身的专业修养，提升自身的专业精神，更新知识，使自己的思想境界、道德情操得到净化，人格得到完善，努力以自己的高尚人格调动大学生，营造轻松、活跃、融洽、温暖的并积极向上的教育环境，帮助大学生塑造完美人格。总之，每个学科都有其"道"，也就是学科精神和职业道德，作为大学生，你的服饰、你的语言、你的举止行为规范本身就能反映出你的人品形象。试想，如果实验课后，大家一起收拾试验台，打扫实验室卫生，乃至整个学校所有的大学生都是这样的做法，那么将会带来什么样的影响？只有用一届又一届的大学生形成的人格来塑造下一届大学生的人格、用大学生自己的精神来培养大学生的精神，才能使大学生从心灵深处领会专业精神。

第三节 构建大学生核心素养和行为规范培育的保障体制

进入新时代，构建大学生核心素养和行为规范培育的生态环境需要政府、学校和社会的共同参与、协同配合，形成大学生核心素养和行为规范培育提升的长效保障体制。在制度保障设计规划上要有所创新、手段上要有大改变，强化制度管理，努力将管理精细化到大学生核心素养培育的各个环节，包括大学生的核心素养和行为规范培育规划，及时采集信息，加强过程监控，建立健全机制体制，注重目标考核、奖惩力度、效果评价等，使其制度能够落地、生根、开花、结果。

一、建立健全制度保障

从政府层面上讲，政府应以法律和政策形式明确大学生的核心素养和行为规范培育的作用。政府应该针对大学生的核心素养和行为规范培育进行系统的调研，分析存在的问题，提出发展的方向，并以法律和政策保障的形式明确大学生的核心素养和行为规范培育的地位，使大学生的核心素养和行为规范培育能够有序进行；并且划拨大学生的核心素养和行为规范培育的配套经费，从制度层面和物资层面保障大学生的核心素养和行为规范培育的有序健康发展。当然，目前大学生的核心素养和行为规范培育存在一定程度的短期性，政策上、经费上都得不到相应的保障，这给大学生的核心素养和行为规范培育带来了一定难度，因此以法律和政策形式明确大学生专业发展的地位保障了大学生的核心素养和行为规范培育。

以法律和政策形式保障大学生的核心素养和行为规范培育的持续。加强大学生的核心素养和行为规范培育，必须以法律和政策形式保障才能使其顺利发展。欧美发达国家已走在了用法律和政策形式保障大学生专业发展的前列。例如，日本对于高校教师的地位、待遇，师资培养方式，课程的设置，大学教师资格，大学教师津贴补贴等都有相关的法律规定。严格的立法程序，促使日本大学生的核心素养和行为规范培育保障得以形成。大学生的核心素养和行为规范培育以法律为准绳，制约了以政府为背景的个人权利对大学生的核心素养和行为规范培育的干扰。我国虽然有《关于新时期加强大学生素质教育》等相关法律法规对大学生的核心素养和行为规范作出了系列规定，但是为了保障大学生的核心素养和行为规范培育的持续性，应以法律和政策形式对大学生的核心素养和行为规范培育作出系列规定，形成长效、稳定的大学生核心素养和行为规范培育运行机制，建立严格的法律和政策制度，使大学生的核心素养和行为规范培育有法可依。

以法律和政策形式制定大学生的核心素养和行为规范培育的思想行为标准。这为大学生的核心素养和行为规范确立了目标导向。提高大学生的核心素养和行为规范培育水平是提高大学生素质的重要举措。作为大学生，不仅要具备基础的学科理论知识，还要具备基础的专业技能。大学生必须热爱自己未来从事的职业，具备从事未来职业的责任心、良好的心态，并必须掌握系统的职业理论和职业实践技能。因此，要根据高校教育发展对师资建设的需要，借鉴国际成功经验，研究制定大学生的核心素养和行为规范培育能力标准，为大学生应掌握的专业学科知识、专业基本技能等设立相应的标准，为高校教育提供质量保障。

二、营造独特培育环境

从学校层面上讲，高校要设立大学生的核心素养和行为规范培育委员会，建立大学生的核心素养和行为规范培育平台。大学生的核心素养和行为规范培育委员会要统筹规划全校大学生的核心素养和行为规范培育，建立相应规章制度，设立相应激励机制，协调教学和各职能部门，利用校内外一切有利资源，为大学生的核心素养和行为规范培育提供校内、校外合作机会，为大学生的核心素养和行为规范培育提供指导性建议，构建多样、开放的个性化核心素养培育模式；满足学校大学生整体及个体的核心素养培育需求，将校本教育教学改革契机作为大学生的核心素养和行为规范培育平台，在促进教育教学改革的同时提高大学生综合能力和技能。

建设学习型组织，形成大学生核心素养和行为规范培育的学习氛围。学习型组织是一种有机的能持续发展的组织，旨在通过培养整个组织的学习氛围，发挥成员的创造性思维能力。学习型组织把学习与工作系统持续地结合起来，使大学生在教学工作过程中实现了自我超越。把高校建设成学习型组织，就必须积极营造有利于师生学习的具有浓厚人文气息的校园文化环境。校园学习型组织的核心在于更新学习观念，发挥各教育教学组织、学科教研室等在大学生的核心素养和行为规范培育中的作用。创建教学相长，师生情感交融的教育氛围。在校园学习型组织中，以人性化的标准去规范大学生的行为，形成大学生在教育实践中的研究氛围，培育大学生全面素养的同时实现大学生的核心素养和行为规范。

建立培训机制，提高大学生专业技能。高校要针对本校实际，采取多种方式鼓励大学生参加企业实践和校内外教研活动，促进大学生的核心素养和行为规范培育。大学生在精通专业的基础理论、基本知识的同时，还要熟悉国内外相关学科的先进理论，具备丰富的行业知识和实践能力，具备解决工作中实际问题的能力。大学生必须不断学习和实践，探索教育教学规律，增强职业教育技能，精心设计，将自身的实践知识和能力逐步转化成为自身的专业技能。

开展校本研究促进大学生的核心素养和行为规范培育。校本研究，顾名思义，是指学校自身利用校内外各种教育资源，围绕专业课程、实训实验、专业素质教育等教学实践，进行解决实际教学问题的研究活动。研究成员在学习和探讨过程中，形成研究—实践—再研究的循环过程，持续提升大学生的实践能力、专业技能和科研能力，从而促进大学生的核心素养和行为规范培育。这样的研究过程能及时被大学生所理解，既满足了不同层次高校发展的需要和大学生对自身核心素养培育的需求，又形成了大学生核心素养和行为规范培育的有效途径。

三、构建科学合理的管理制度

建立大学生的核心素养和行为规范培育制度，加强大学生素质教育，促进校际大学生交流。由于高校中有的院校发展历史很短，科研能力不强，因而在高等教育中的地位不高，影响力不大。高校的大学生核心素养培育制度往往更加关注普通高校的大学生核心素养和行为规范培育，没有兼顾到各级各类大学生的方方面面。因此，建立各级各类大学生的核心素养和行为规范培育制度迫在眉睫。应加快建立各级各类大学生的核心素养和行为规范培育制度，专门探讨大学生的核心素养和行为规范培育培育问题，同时加强大学生校际的交流，在制度建设和实践教学等方面取长补短，以达到共同提高的目的。

设立大学生的核心素养和行为规范培育培育制度化工作小组，建立健全大学生发展机制。制度化必须经过长期的专门工作才能逐步形成。对于缺乏经验的高校来说，大学生的核心素养和行为规范制度化管理是薄弱环节。在大学生的核心素养和行为规范培育制度化管理方面，高校必须设立符合大学生核心素养和行为规范培育的专门制度化工作小组，专门负责大学生发展的各项管理制度，争取在较短时间内建立健全大学生的核心素养和行为规范培育机制。

研究校本大学生的核心素养和行为规范培育经验，使之更科学。很多高校从办学校历来讲，一般都有几十年，这期间积累了丰富的、与自身培养目标相符合的大学生的核心素养和行为规范培育经验。但这些校本的大学生的核心素养和行为规范培育经验没有随着高校在国家教育系统中的角色改变，而发生适应性的变迁，也就是没有得到及时有效修订，以达到大学生的核心素养和行为规范培育的要求，甚至还停留在感性经验基础上，尚未形成大学生的核心素养和行为规范培育制度。因此高校必须对校本大学生的核心素养和行为规范培育经验进行总结，经过甄别修订使之成为学院的常规制度，使之更科学。

借鉴企业经验促进大学生的核心素养和行为规范培育培育。高校和企业的关系可谓密不可分，深度的校企合作在当下也可谓如火如荼。但是借鉴企业经验促进大学生的核心素养和行为规范培育还是一个值得探讨的重要课题。不仅高校的众多毕业大学生在就业时会进入企业，而且许多双师型大学生要么是企业职员在高校兼职，要么是大学生在企业兼职。这就使得高校有必要在大学生的核心素养和行为规范方面向规范的企业借鉴。借鉴企业经验促进大学生的核心素养和行为规范培育可以使高校所培育的大学生在学校中就已经适应企业专业要求和职业期待，减少职业适应期，为其职业发展确立了较高的起点，打下了坚实的职业发展基础。

第四节 小结

素质教育战略"就是全面贯彻党的教育方针，以提高国民素质为根本宗旨，以培养大学生的创新精神和实践能力为重点，造就有理想、有道德、有文化、有纪律的德智体美等全面发展的社会主义建设者和接班人"。[①] 素质教育的内涵十分丰富。从素质教育的定位看，宗旨是提高国民素质，目标是培养德智体美全面发展的合格公民，灵魂是思想道德教育，重点是提高创新精神和实践能力。从素质教育的功能看，素质教育充分考虑人和社会发展的需要，尊重大学生的主体地位、主动精神和个性差异，注重形成健全的人格。从素质教育的价值取向看，素质教育关注"人的发展"，并以促进大学生的发展作为核心价值。就素质教育的根本而言，素质教育就是全面贯彻党的教育方针。素质教育具有鲜明的时代性，强调要围绕全面建设小康社会、科教兴国和人才兴国战略，坚持落实科学发展观和构建社会主义和谐社会，素质教育具有全体性，要面向全体大学生，使人人享有平等的受教育机会，为了全体大学

---

① 中共中央国务院. 关于深化教育改革全面推进素质教育的决定 [EB/OL]. http：//old.moe.gov.cn/publicfiles/business/htmlfiles/moe/moe_178200407/2478.html. (1999-06-13) [2019-10-15].

生开展教育；素质教育具有综合性，强调要促进大学生德智体美全面均衡发展；素质教育具有主体性，强调要充分弘扬大学生和大学生的主体性，关注个性和创造力，促进大学生的个性发展；素质教育具有创新性，强调以培养大学生的创新精神和实践能力为重点，与实践相结合，激发大学生的想象力和创造力；素质教育具有长效性，强调要培养大学生的基本素质和终身学习能力，为促进和支持大学生可持续发展开展教育。素质教育作为一种具有宏观指导性质的教育思想，重在转变教育目标指向，从单纯强调应试应考转向更加关注培养全面健康发展，是一次促进育人模式的转型。

"核心素养"与"素质教育"在基本理念上是什么关系？这需要认真研究素质教育与核心素养培养的异同；否则，会产生多个方面的问题。关于核心素养培养与素质教育的关系，目前似乎有两种不同的理解。一种是认为核心素养是一个全新的概念，对核心素养的认识和实践需要另起炉灶。二是认为核心素养培养与素质教育之间既存在关联的一面，也有差异的一面。总之，在根本价值取向上，"核心素养"这一提法与我国20世纪80年代以来倡导的"素质教育"有着内在的一致性。在我国开展多年的"素质教育"的研究与实践取得的一个重要进展是，将教育目的的聚焦点从以知识为本转变为以大学生发展为本，如关注大学生的主动发展、全面发展和全体大学生的发展，并且在教育过程上，开始形成了以大学生自身能动活动和自主学习为基础的素质教学的方式。但是，"素质教育"对于大学生全面发展的内容结构缺少系统深入的揭示，仅停留在一般性的以德智体美等方面的发展作为全面发展的宏大内容。这种对素质结构的理解的确比较抽象、笼统。理解了"核心素养"与"核心素质""综合素质"的一致性，有利于理解核心素养与

"素质教育"之间的关系，避免将"核心素养"当作是一个全新的、与素质教育无关的东西来理解。因此，核心素养内容是党的教育方针的具体化，是连接宏观教育理念、培养目标与具体教育教学实践的桥梁。党的教育方针通过核心素养这一桥梁，可以转化为教育教学实践可用的、教育工作者易于理解的具体要求。明确大学生应具备的必备品格和关键能力，从纵观层面深入回答"立什么德、树什么人"的根本问题，引领课程改革和育人模式变革。我国的"大学生发展核心素养"就是一套经过系统设计的育人目标框架，其落实需要从整体上推动各教育环节的变革，最终形成以大学生发展为核心的完整育人体系。核心素养是对素质教育在新时期的深化和提升。核心素养是对素质教育内涵的具体阐述，可以使新时期的素质教育目标更加清晰，内涵更加丰富，也更加具有指导性和可操作性。此外，核心素养也是对素质教育过程中存在问题的反思与改进。尽管素质教育已深入人心并取得了显著成效，但我国长期存在的以考试成绩为主要评价标准的问题，影响了素质教育的实效。解决这一问题，要从完善评价标准入手，全面系统地描述大学生核心素养发展指标，建立基于核心素养发展情况的评价标准，有助于全面推进素质教育，深化教育领域综合改革。

大学生核心素养培育是针对高校的办学主体，高校肩负着培养现代化建设所需的技能应用型人才的重任。教师是大学生成长成才的导航线，在培养大学生的整个过程中大学生自身起到关键性的作用，大学生的核心素养直接关系到高校教育的人才培养工作水平乃至高校教育的成功。因此，大学生核心素养使大学生更需提高自身素质，在行业或专业中起到先锋带头模范作用。据前期的调研发现，目前还有的高校相对于普通高校来说，存在学历低、职称低、平台低、自身的科研能力弱，大学生的核心素养和行为规范不被重视等现象，在教学过程中趋于形式，以完成任务为目的，表现为教学目标片面化、教学内容宽泛化、教学活动的形式化、教学评价的简单化，这样导出的结果为大学生核心素养不强。因此，加强大学生核心素养培育是时代发展的需要，也是高校教育在新的时代背景下亟待解决的问题。

针对当前大学生的核心素养和行为规范培育的基本状况和教育的具体实际，根据前期的调查资料并进行了深层次的原因分析，提出健全相关的法律和政策为大学生的核心素养和行为规范培育提供制度保障、营造独特的大学生的核心素养和行为规范培育环境、构建科学合理的管理制度促进大学生的核心素养和行为规范培育。

参考文献

一、马克思主义经典著作类

[1] 马克思恩格斯选集：第1卷[M]．北京：人民出版社，2012.

[2] 马克思恩格斯选集：第2卷[M]．北京：人民出版社，2012.

[3] 马克思恩格斯选集：第3卷[M]．北京：人民出版社，2012.

[4] 马克思恩格斯选集：第4卷[M]．北京：人民出版社，2012.

[5] 马克思恩格斯全集：第1卷[M]．北京：人民出版社，1956.

[6] 马克思恩格斯全集：第2卷[M]．北京：人民出版社，1957.

[7] 马克思恩格斯全集：第3卷[M]．北京：人民出版社，1960.

[8] 马克思恩格斯全集：第4卷[M]．北京：人民出版社，1958.

[9] 马克思恩格斯全集：第13卷[M]．北京：人民出版社，1962.

[10] 马克思恩格斯全集：第16卷[M]．北京：人民出版社，1964.

[11] 马克思恩格斯全集：第20卷[M]．北京：人民出版社，1963.

［12］马克思恩格斯全集：第 40 卷［M］．北京：人民出版社，1971．

［13］马克思恩格斯全集：第 42 卷［M］．北京：人民出版社，1982．

［14］马克思恩格斯全集：第 46 卷［M］．北京：人民出版社，1979．

［15］列宁选集：第 4 卷［M］．北京：人民出版社，1995．

［16］列宁选集：第 24 卷［M］．北京：人民出版社，1986．

［17］列宁选集：第 31 卷［M］．北京：人民出版社，1958．

［18］列宁．哲学笔记［M］．北京：人民出版社，1974．

［19］毛泽东选集：第 3 卷［M］．北京：人民出版社，1991．

［20］邓小平文选：第 2 卷［M］．北京：人民出版社，1994．

［21］邓小平文选：第 3 卷［M］．北京：人民出版社，1993．

［22］江泽民文选：第 1 卷［M］．北京：人民出版社，2006．

［23］江泽民文选：第 2 卷［M］．北京：人民出版社，2006．

［24］江泽民文选：第 3 卷［M］．北京：人民出版社，2006．

二、中文译著类

［1］［德］海德格尔．存在与时间［M］．陈嘉映，等译．北京：生活·读书·新知三联书店，1987．

［2］［德］黑格尔．法哲学原理［M］．范扬，等译．北京：商务印书馆，1961．

［3］［德］卡尔·雅斯贝斯．时代的精神状况［M］．王德峰，译．上海：上海世纪出版集团，2003．

[4][德]卡尔·白舍客. 基督宗教伦理学[M]. 静也, 等译. 上海：上海三联书店, 2002.

[5][德]康德. 道德形而上学原理[M]. 苗力田, 译. 上海：上海人民出版, 2002.

[6][德]马克斯·韦伯. 新教伦理与资本主义精神[M]. 于晓, 等译. 北京：生活·读书·新知三联书店, 1987.

[7][法]卢梭. 社会契约论[M]. 何兆武, 译. 北京：商务印书馆, 2003.

[8][法]托克维尔. 论美国的民主[M]. 董果良, 译. 北京：商务印书馆, 1988.

[9][古罗马]西塞罗. 西塞罗三论[M]. 徐奕春, 译. 北京：商务印书馆, 1998.

[10][美]J. D. 亨特. 文化战争：定义美国的一场奋斗[M]. 安荻, 等译. 北京：中国社会科学出版社, 2000.

[11][美]阿米·古德曼, 等. 结社理论与实践[M]. 吴玉章, 等译. 北京：生活·读书·新知三联书店, 2006.

[12][美]伯尔曼. 法律与宗教[M]. 梁治平, 译. 北京：生活·读书·新知三联书店, 1991.

[13][美]布洛维. 公共社会学[M]. 沈原, 译. 北京：社会科学文献出版社, 2007.

[14][美]弗兰克. G. 戈布尔. 第三思潮——马斯洛心理学[M]. 吕明, 等译. 上海：上海译文出版社, 2001.

[15][美]弗洛姆. 人的呼唤——弗洛姆人道主义文集[M]. 王泽应, 等译. 北京：生活·读书·新知三联书店, 1991.

［16］［美］汉娜·阿伦特. 人的条件［M］. 竺乾威, 等译. 上海：上海人民出版社, 1999.

［17］［美］加里·贝克尔. 人类行为的经济分析［M］. 王业宇, 等译. 北京：生活·读书·新知三联书店, 1995.

［18］［美］萨拜因. 政治学说史［M］. 北京：商务印书馆, 1986.

［19］［美］亚瑟·C. 布鲁克斯. 谁会真正关心慈善［M］. 王青山, 译. 北京：社会科学文献出版社, 2008.

［20］［美］约翰·罗尔斯. 正义论［M］. 何怀宏, 等译. 北京：中国社会科学出版社, 1988.

［21］［美］亨廷顿. 变化社会中的政治秩序［M］. 王冠华, 译. 北京：生活·读书·新知三联书店, 1988.

［22］［英）尼克·史蒂文森编. 文化与公民身份［M］. 陈志杰, 译. 长春：吉林出版集团有限公司, 2007.

［23］［英］R. G. 柯林伍德. 历史的观念［M］. 何兆武, 等译. 北京：商务印书馆, 1997.

［24］［英］巴特·范. 公民身份的条件［M］. 郭台辉, 译. 长春：吉林出版集团有限公司, 2007.

［25］［英］彼德·斯坦, 等. 西方社会的法律价值［M］. 王献平, 译. 北京：中国法制出版社, 2004.

［26］［英］布赖恩·特纳. 公民身份与社会理论［M］. 郭忠华, 等译. 长春：吉林出版社, 2005.

［27］［英］戴维·赫尔德. 民主的模式［M］. 燕继荣, 等译. 北京：中央编译出版社, 1998.

［28］［英］休谟. 道德原则研究［M］. 曾晓平, 译. 北京：商务

印书馆，2001.

[29] [英] 休谟. 人性论 [M]. 关文运，译. 北京：商务印书馆，1980.

[30] [英] 亚当·斯密. 道德情操论 [M]. 蒋自强，等译. 北京：商务印书馆，1997.

[31] [英] 约翰·穆勒. 功用主义 [M]. 唐钺，译. 北京：商务印书馆，1957.

[32] [英] 哈耶克. 自由秩序原理（上、下）[M]. 邓正来，译. 北京：生活·读书·新知三联书店，1997.

[33] [英] 密尔. 论自由 [M]. 徐宝骙，译. 北京：商务印书馆，1959.

[34] [加] 威尔·金里卡. 当代政治哲学（下）[M]. 上海：三联书店，2004.

[35] [加] 威尔·金里卡. 自由主义、社群及文化 [M]. 上海：上海译文出版社，2005.

[36] [美] 杰弗里·亚历山大. 国家与市民社会———一种社会理论的研究路径（增订版）[M]. 上海：上海人民出版社，2006.

[37] [德] 马丁·路德著作翻译小组. 马丁·路德文选 [M]. 北京：中国社会科学出版社，2003.

[38] [英] 麦金泰尔. 追寻美德 [M]. 宋继杰，译. 南京：译林出版社，2003.

[39] [德] 列奥·施特劳斯. 自然权利与历史 [M]. 彭刚，译. 北京：生活·读书·新知三联书店，2003.

[40] [英] 莱斯诺夫. 二十世纪的政治哲学 [M]. 北京：商务印

书馆，2001.

[41]［美］托克维尔. 论美国的民主［M］. 北京：商务印书馆，1988.

[42]［美］托马斯·雅诺斯基. 公民与文明社会［M］. 柯雄，译. 辽宁：辽宁教育出版社，2000.

[43]［奥］桑德尔. 自由主义与正义的局限［M］. 万俊人，等译. 南京：译林出版社，2002.

[44]［美］希特. 何谓公民身份［M］. 郭中华，译. 长春：吉林出版有限集团，2007.

[45]［英］乔治·奥威尔. 公共理性与现代学术［M］. 北京：生活·读书·新知三联书店，2002.

[46]［美］罗伯特·达尔. 多元主义的困境［M］. 尤正明，译. 北京：求实出版社，1989.

[47]［美］诺齐克. 无政府、国家与乌托邦［M］. 何怀宏，等译. 北京：中国社会科学出版社，1991.

[48]［美］泰勒. 自我的根源：现代认同的形成［M］. 韩震，等译. 南京：译林出版社，2001.

[49]［古希腊］亚里士多德. 政治学［M］. 吴寿澎，译. 北京：商务印书馆，1983.

[50]［美］英格尔斯. 人的现代化［M］. 尹陆君，译. 成都：四川人民出版社，2004.

三、中文著作类

[1] 四书［M］. 北京：中华书局，2007.

［2］庄子［M］．北京：中华书局，2007．

［3］老子［M］．山西：古籍出版社，2003．

［4］墨子［M］．山西：古籍出版社，2003．

［5］王炎．宪政主义与现代国家［M］．北京：生活·读书·新知三联书店，2003．

［6］．北京奥运会志愿者工作协调小组办公室编．志愿北京：2005"志愿服务与人文奥运"国际论坛成果集［M］．北京：人民出版社，2005．

［7］蔡勤禹．国家、社会与弱势群体——民国时期的社会救济［M］．天津：天津人民出版社，2003．

［8］陈其南．公民国家意识与台湾政治发展［M］．台北：允晨出版社，1992．

［9］陈泽环．功利·奉献·生态·文化——经济伦理引论［M］．上海：上海社会科学院出版社，1999．

［10］邓正来．市民社会理论的研究［M］．北京：中国政法大学出版社，2002．

［11］郭毅，等．社会资本与管理学［M］．武汉：华东理工大学出版社，2007．

［12］韩庆祥．马克思开辟的道路——人的全面发展研究［M］．北京：人民出版社，2005．

［13］韩庆祥．文化哲学——理论理性和实践理性交汇处的文化批判［M］．昆明：云南人民出版社，2002．

［14］韩秋红．断裂还是传承——西方马克思主义及其当代资本主义观［M］．北京：中央编译出版社，2004．

[15] 红旗大参考编写组编写. 建设社会主义核心价值体系大参考[M]. 北京：红旗出版社，2007.

[16] 李超. 社会主义市场经济的人学底蕴[M]. 北京：人民出版社，2004.

[17] 李淮春. 马克思主义哲学全书[M]. 北京：中国人民大学出版社，1996.

[18] 李艳芳. 公众参与环境影响评价制度研究[M]. 北京：中国人民大学出版社，2004.

[19] 李瑜青. 社会学导论[M]. 上海：上海大学出版社，2004.

[20] 梁启超. 梁启超全集[M]. 北京：北京出版社，1999.

[21] 廖加林. 现代公民社会的道德基础[M]. 长沙：湖南大学出版社，2006.

[22] 刘建军. 单位中国——社会调控体系重构中的个人、组织与国家[M]. 天津：天津人民出版社，2000.

[23] 刘敬鲁. 人·社会·文化[M]. 北京：中国人民大学出版社，2002.

[24] 刘小枫. 现代性社会理论绪论[M]. 北京：生活·读书·新知三联书店，1998.

[25] 罗国杰. 伦理学[M]. 北京：人民出版社，1989.

[26] 马长山. 国家、市民社会与法治[M]. 北京：商务印书馆，2002.

[27] 齐延平. 人权与法治[M]. 济南：山东人民出版社，2003.

[28] 秦晖. 政府与企业以外的现代化——中西公益史比较研究[M]. 南京：浙江人民出版社，1999.

［29］任剑涛．权利的呼唤［M］．北京：中央编译出版社，2005．

［30］任剑涛．中国思想脉络中的自由主义［M］．北京：北京大学出版社，2004．

［31］尚海，等．四大宗教箴言录［M］．北京：中国广播电视出版社，1993．

［32］石俊主编．中国佛教思想资料选编：第3卷［M］．北京：中华书局，1987．

［33］宋萌荣．人的全面发展理论分析与现实趋势［M］．北京：中国社会科学出版社，2006．

［34］宋希仁．西方伦理思想史［M］．北京：中国人民大学出版社，2004．

［35］苏国勋．理性化及其限制——韦伯思想引论［M］．上海：上海人民出版社，1988．

［36］孙立平．失衡——断裂社会的运作逻辑［M］．北京：社会科学文献出版社，2004．

［37］孙正聿．哲学导论［M］．北京：中国人民大学出版社，2000．

［38］田凯．非协调约束与组织运作——中国慈善组织与政府关系的个案研究［M］．北京：商务印书馆，2004．

［39］汪晖，等．文化与公共性［M］．北京：生活·读书·新知三联书店，2005．

［40］汪荣有．当代中国经济伦理论［M］．北京：人民出版社，2004．

［41］王东进．中国社会保障制度的改革与发展［M］．北京：法

律出版社，2001．

［42］王根蓓．市场秩序论［M］．上海：上海财经大学出版社，1997．

［43］王名．非营利组织管理概论［M］．北京：中国人民大学出版社，2003．

［44］王名．民间组织通论［M］．北京：时事出版社，2004．

［45］王名，等．中国社团改革：从政府选择到社会选择［M］．北京：社会科学文献版社，2001．

［46］王啸．全球化时代的中国公民教育［M］．福州：福建教育出版社，2006．

［47］王新生．市民社会论［M］．桂林：广西人民出版社，2003．

［48］王宗昱，等．中国宗教名著导读·佛道教卷［M］．北京：北京大学出版，2004．

［49］韦政通．中国文化与现代生活［M］．北京：中国人民大学出版社，2005．

［50］吴枫，等．中国道学通典［M］．海口：南海出版公司，1994．

［51］吴爽．公民权利基本理论研究［M］．湖北：长江出版社，2007．

［52］吴玉章．论自由主义权利观［M］．北京：中国人民公安大学出版社，1997．

［53］吴忠．市场经济与现代伦理［M］．北京：人民出版社，2003．

［54］夏东元．郑观应集上册［M］．上海：上海人民出版社，

1982.

[55] 夏勇. 走向权利的时代 [M]. 北京：中国政法大学出版社，1999.

[56] 谢瑞智. 宪法新论 [M]. 台北：中正书局，2000.

[57] 徐大同. 西方政治思想史 [M]. 天津：天津教育出版社，2005.

[58] 徐卫华. 发展慈善事业的理念认知与行为方式 [M]. 北京：中共中央党校出版社，2006.

[59] 许安标，刘松山. 中华人民共和国宪法通释 [M]. 北京：中国法制出版社，2003.

[60] 许纪霖. 共和、社群与公民 [M]. 南京：江苏人民出版社，2004.

[61] 葛道顺. 公司与社会公益 [M]. 北京. 社会科学文献出版社，2003.

[62] 杨伟民. 社会政策导论 [M]. 北京：中国人民大学出版社，2004.

[63] 余正荣. 生态智慧论 [M]. 北京：中国社会科学出版社，1996.

[64] 俞可平. 社群主义 [M]. 北京：中国社会科学出版社，1998.

[65] 俞可平. 治理与善治 [M]. 北京：社会科学文献出版社，2000.

[66] 张康之. 寻找公共行政的伦理视角 [M]. 北京：中国人民大学出版社，2002.

[67] 张世英. 论黑格尔的精神哲学［M］. 上海：上海人民出版社，1986.

[68] 张云. 思想政治教育心理学［M］. 上海：上海人民出版社，2001.

[69] 郑功成. 社会保障学——理念、制度、实践与思辨［M］. 北京：商务印书馆，2003.

[70] 郑永廷，等. 人的现代化理论与实践［M］. 北京：人民出版社，2006.

[71] 中共中央文献研究室编. 十二大以来重要文献选编下册［M］. 北京：人民出版社，1986.

[72] 张耀灿，等. 思想政治教育学前沿［M］. 北京：人民出版社，2006.

[73] 科尔伯格. 道德教育的哲学［M］. 魏超贤，译. 杭州：浙江教育出版社，1985.

[74] 陈万柏，张耀灿. 思想政治教育学原理［M］. 2版. 北京：高等教育出版社，2007.

[75] 陈秉公. 思想政治教育学原理［M］. 呼和浩特：内蒙古大学出版社，2003.

[76] 张耀灿，等. 现代思想政治教育学［M］. 北京：人民出版社，2001：326.

[77] 张继细. 中华儒学精髓［M］. 北京：中国物资出版社，1995.

[78] 中国民主同盟中央委员会. 费孝通论文化与文化自觉［M］. 北京：群言出版社，2005.

[79] 周辅成. 西方伦理学名著选辑：上卷［M］. 北京：商务印书馆, 1964.

[80] 周辅成. 西方伦理学名著选辑：下卷［M］. 北京：商务印书馆, 1987.

[81] 周秋光, 等. 中国慈善简史［M］. 北京：人民出版社, 2006.

[82] 朱健刚. 行动的力量——民间志愿组织实践逻辑研究［M］. 北京：商务印馆, 2008.

[83]［法］丹纳. 艺术哲学［M］. 傅雷, 译. 北京：生活·读书·新知三联书店, 2016.

[84]［德］马克斯·韦伯. 新教伦理与资本主义精神［M］. 于晓, 译. 北京：生活·读书·新知三联书店出版社, 1992.

[85]［美］理查德·沃林. 文化批评的观念——法兰克福学派、存在主义和后结构主义［M］. 北京：商务出版社, 2000.

[86]［美］塞缪尔·亨廷顿, 劳伦斯·哈里森. 文化的重要作用［M］. 北京：新华出版社, 2010.

[87]［美］泰勒·考恩. 创造性破坏：全球化与文化多样化［M］. 上海：上海人民出版社, 2007.

[88]［美］约瑟夫·奈. 软力量：世界政坛成功之道［M］. 吴晓辉, 钱程, 译. 北京：东方出版社, 2005.

[89]［英］约翰·斯道雷. 文化理论与大众文化导论［M］. 常江, 译. 北京：北京大学出版社, 2010.

[90]［英］约翰·斯道雷. 文化理论与通俗文化导论［M］. 扬竹山, 等译. 南京：南京大学出版社, 2001.

［91］BobMekereher，Hilaryd：CroS．文化旅游与文化遗产管理［M］．朱路平，译．天津：南开大学出版社，2006．

［92］联合国教科文组织保护世界文化公约选编［M］．北京：法律出版社，2006．

［93］联合国教科文组织编．世界文化报告——文化的多样性、冲突与多元共存［M］．关世杰，译．北京：北京大学出版社，2002．

［94］鲁迅．鲁迅全集：第6卷［M］．北京：人民出版社，1981．

［95］梁漱溟．中国文化的命运［M］．北京：中信出版社，2010．

［96］冯友兰．中国哲学简史［M］．北京：北京大学出版社，1996．

［97］张岱年．文化与哲学［M］．北京：中国人民出版社，2009．

［98］张岱年．张岱年全集［M］．石家庄：河北人民出版社，1999．

［99］张岱年全集：第6卷［M］．河北：河北人民出版社，2007．

［100］费孝通．费孝通文集：第1—4卷［M］．北京：群言出版社，1999．

［101］费孝通．乡土中国［M］．北京：北京大学出版社，1998．

［102］费孝通．民族地区社会经济发展前记［M］．北京：生活·读书·新知三联书店，1998．

［103］费孝通．文化与文化自觉［M］．北京：群言出版社，2010．

［104］费孝通．费孝通集［M］．北京：中国社会科学出版社，2005．

［105］刘魁立．中国节典：四大传统节日［M］．合肥：安徽教育出版社，2008．

[106] 冯冀才. 守望民间 [M]. 北京：西苑出版社，2002.

[107] 罗国杰. 马克思主义价值观研究 [M]. 北京：人民出版社，2013.

[108] 王一川. 中国文化软实力发展战略综论 [M]. 北京：商务印书馆，2015.

[109] 张国祚. 文化软实力研究论纲 [M]. 北京：社会科学文献出版社，2015.

[110] 张国祚. 中国文化软实力要论选：第1、2卷 [M]. 北京：社会科学文献出版社，2011.

[111] 唐代兴. 文化软实力战略研究 [M]. 北京：人民出版社，2008.

[112] 沈壮海. 软实力真实力——为什么要提高国家文化软实力 [M]. 北京：人民出版社，2008.

[113] 沈壮海. 先进文化论 [M]. 北京：高等教育出版社，2003.

[114] 波普尔. 科学知识进化论——波普尔科学哲学选集 [M]. 上海：三联书店，1987.

[115] 高占祥. 文化力 [M]. 北京：北京大学出版社，2007.

[116] 向云驹. 人类口头和非物质文化遗产 [M]. 银川：宁夏人民教育出版社，2004.

[117] 陈立旭. 提升文化软实力 [M]. 北京：中共中央党校出版社，2006.

[118] 陈正良. 中国"软实力"发展战略研究 [M]. 北京：人民出版社，2008.

[119] 郭树勇. 中国软实力战略 [M]. 北京：时事出版社，2012.

［120］韩勃，江庆勇.软实力：中国视角［M］.北京：人民出版社，2009.

［121］韩美群.和谐文化论［M］.北京：中国社会科学出版社，2010.

［122］郝卫兵.论民族精神与文化传承［M］.北京：国防大学出版社，2009.

［123］何星亮.文化多样性背景下的民族和谐［M］.北京：知识产权出版社，2012.

［124］胡树祥.中国外交与国际发展战略研究［M］.北京：中国人民大学出版社，2009.

［125］花建.软权利之争：全球化视野中的文化潮流［M］.上海：上海科学出版社，2001.

［126］宋志明，吴潜涛.中华民族精神论纲［M］.北京：中国人民大学出版社，2006.

［127］贾春峰.贾春峰说"文化力"［M］.北京：中国经济出版社，2007.

［128］孔庆榕，张磊.中华民族凝聚力学［M］.北京：中国社会科学出版社，2008.

［129］李智.文化外交——一种传播学的解读［M］.北京：：北京大学出版社，2005.

［130］李江涛.当代文化发展新趋势研究［M］.北京：中央编译出版社，2009.

［131］李开盛.理解中国外交（1949—2009）——民族复兴进程中的国家身份探求［M］.北京：中国社会科学出版社，2011.

[132] 李希光. 软实力要素 [M]. 北京：法律出版社，2010.

[133] 李宗桂. 中国文化导论 [M]. 广州：广东人民出版社，2002.

[134] 林继富. 民间叙事传统与民间故事传承 [M]. 北京：中国社会科学出版社，2007.

[135] 刘昌黎. 和谐世界与东亚和谐 [M]. 大连：东北财经大学出版社，2011.

[136] 刘红婴. 世界遗产精神 [M]. 北京：华夏出版社，2006.

[137] 刘晓玲. 文化软实力提升浅论 [M]. 长沙：湖南人民出版社，2009.

[138] 卢勋. 中华民族凝聚力的形成与发展 [M]. 北京：社会科学文献出版社，2007.

[139] 罗钢. 文化研究读本 [M]. 北京：中国社会科学出版社，2000.

[140] 骆郁廷. 文化软实力战略、结构与路径 [M]. 北京：中国社会科学出版社，2012.

[141] 麻勇斌. 贵州文化遗产保护研究 [M]. 贵阳：贵州人民出版社，2008.

[142] 马庆国，等. 区域软实力的理论与实施 [M]. 北京：中国社会科学出版社，2007.

[143] 梅荣政. 社会主义核心价值体系与社会思潮析评 [M]. 北京：中国社会科学出版社，2010.

[144] 门洪华. 中国：软实力方略 [M]. 杭州：浙江人民出版社，2007.

［145］宁先圣. 社会主义核心价值体系与当代社会思潮［M］. 北京：社会科学文献出版社，2011.

［146］农华西. 意识形态与核心价值体系建设［M］. 长沙：湖南人民出版社，2007.

［147］彭新良. 文化外交与中国的软实力：一种全球化的视角［M］. 北京：外语教学与研究出版社，2008.

［148］祁述裕. 文化体制改革与文化软实力［M］. 北京：国家行政学院出版社，2012.

［149］乔晓光. 活态文化［M］. 太原：山西人民出版社，2004.

［150］邵汉明. 中国文化精神［M］. 北京：商务印书馆，2000.

［151］舒扬. 当代文化的生成机制［M］. 北京：中央编译出版社，2007.

［152］孙美堂. 文化价值论［M］. 昆明：云南人民出版社，2005.

［153］谭志桂. 绍兴：提升文化软实力［M］. 杭州：浙江人民出版社，2007.

［154］唐晋. 软实力大战略［M］. 北京：人民日报出版社，2009.

［155］唐君毅. 中国文化之精神价值［M］. 南京：江苏教育出版社，2006.

［156］陶立播. 民俗学［M］. 北京：学苑出版社，2003.

［157］童萍. 文化民族性问题研究［M］. 北京：人民出版社，2011.

［158］童世骏. 文化软实力［M］. 重庆：重庆出版社，2008.

［159］汪安佑. 国家软实力论［M］. 北京：中国社会科学出版社，2010.

[160] 王炳林. 文化方略 [M]. 南昌：江西人民出版社，2001.

[161] 王桂兰. 文化软实力的维度 [M]. 郑州：河南人民出版社，2010.

[162] 谢名家. 文化产业的时代审视 [M]. 北京：人民出版社，2002.

[163] 熊澄宇. 世界文化产业研究 [M]. 北京：清华大学出版社，2012.

[164] 鄢本凤. 社会主义和谐文化建设研究 [M]. 北京：人民出版社，2010.

[165] 姚伟钧. 从文化资源到文化产业：历史文化资源的保护与开发 [M]. 武汉：华中师范大学出版社，2012.

[166] 衣俊卿. 文化哲学十五讲 [M]. 北京：北京大学出版社，2004.

[167] 艺衡. 文化主权与国家文化软实力 [M]. 北京：社会科学文献出版社，2009.

[168] 于广海. 传统的回归与守护 [M]. 山东：山东大学出版，2005.

[169] 俞新天. 掌握国际关系密钥：文化、软实力与中国对外战略 [M]. 上海：上海人民出版社，2010.

[170] 张胜冰. 世界文化产业概要 [M]. 昆明：云南大学出版社，2006.

[171] 张小平. 当前中国文化安全问题研究 [M]. 北京：社会科学文献出版社，2012.

[172] 张仲谋. 非物质文化遗产传承研究 [M]. 北京：文化艺术

出版社，2010.

[173] 赵刚. 国家软实力：超越经济和军事的第三种力量［M］. 北京：新世界出版社，2010.

[174] 赵世瑜. 狂欢与日常——明清以来的庙会与民间社会［M］. 北京：生活·读书·新知三联书店，2002.

[175] 赵有田. 综合国力竞争与文化冲突［M］. 长春：长春出版社，2004.

[176] 周浩然. 文化国力论［M］. 沈阳：辽宁人民出版社，2000.

[177] 邹广文. 全球化与中国文化产业发展［M］. 北京：中央编译出版社，2006.

[178] 谢晓娟. 文化多样性与当代中国软实力建设［M］. 北京：人民出版社，2015

[179] 韩勃，江庆勇. 软实力：中国视角［M］. 北京：人民出版社，2009.

[180] 张耀灿. 思想政治教育学前沿［M］. 北京：人民出版社，2007.

[181] 郑永廷. 思想政治教育方法论［M］. 北京：高等教育出版社，2001.

[182] 莱斯利·斯特弗，杰里·盖尔. 教育中的建构主义［M］. 高文，译. 上海：华东师大出版社，2002.

[183] 张天宝. 主体性教育［M］. 北京：教育科学出版社，1999.

[184] 卢家楣. 学习心理与教学［M］上海：上海教育出版社，2016.

[185] 全国十二所重点师范大学联合编写. 心理学基础［M］. 北

京：教育科学出版社，2002.

[186] 邱伟光，张耀灿. 思想政治教育学原理［M］. 北京：高等教育出版社，1999.

[187] 罗明东. 当代教育改革新探索［M］. 昆明：云南科技出版社，2001.

[188] 美约翰·杜威. 民主主义与教育［M］. 王承绪，译. 北京：人民教育出版社，2001.

[189] ［俄］维果茨基. 教育心理学［M］. 北京：人民教育出版社，1991.

四、硕博论文

[1] 刘鑫淼. 当代中国公共精神的培育研究［D］. 广州：中山大学，2006.

[2] 戚小村. 公益伦理略论［D］. 长沙：湖南师范大学，2006.

[3] 李莉. 中国社会公益供给状况及机制研究［D］. 南京：南京师范大学，2007.

[4] 李朋来. 论个体的公益参与［D］. 上海：上海交通大学，2007.

[5] 唐欢. 论公益［D］. 长沙：湖南大学，2007.

[6] 郭继文. 文化软实力的历史观阐释［D］. 北京：首都师范大学，2011.

[7] 蒋英州. 政治文化视角的国家软实力研究［D］. 武汉：武汉大学，2010.

[8] 刘德定. 当代中国文化软实力研究［D］. 郑州：河南大学，

2012.

［9］丘凌．软实力背景下的中国国际传播战略研究［D］．上海：复旦大学，2009．

［10］田建明．中国软实力战略研究［D］．长春：吉林大学，2010．

［11］田素庆．"原生态"的幻象［D］．上海：华东师范大学，2012．

［12］魏明．全球信息时代中国文化软实力发展战略研究［D］．武汉：华中师范大学，2008．

五、期刊类

［1］崔开云．近年来我国非政府组织研究述评［J］．东南学术，2003（3）．

［2］［美］塞缪尔·亨廷顿．再论文明的冲突［J］．马克思主义与现实，2003（1）．

［3］习近平．在纪念孔子诞辰2565周年国际学术研讨会暨国际儒学联合会第五届会员大会开幕会上的讲话［N］．人民日报，2014－09－24．

［4］李长春．正确认识和处理文化建设发展中的若干重大关系 努力探索中国特色社会主义文化发展道路［J］．求是，2010（6）．

［5］洪晓楠，王爱玲．文化软实力中的文化创新向度［J］．哲学研究，2011（12）．

［6］王文章，陈飞龙．非物质文化遗产保护与国家文化发展战略［J］．求是，2007（17）．

[7] 秋石. 为什么必须坚持马克思主义在意识形态领域的指导地位而不能搞指导思想的多元化［J］. 求是, 2009（6）.

[8] 江涌. 中国要说话, 世界在倾听——关于提升中国国际话语权的思考［J］. 红旗文稿, 2010（5）.

[9] 张国祚. 提升我国文化软实力的战略思考［J］. 红旗文稿, 2011（8）.

[10] 骆郁廷. 我国文化软实力的发展战略［J］. 马克思主义研究, 2009（5）.

[11] 沈壮海. 文化软实力的中国话语、中国境遇与中国道路［J］. 马克思主义研究, 2009（11）.

[12] 张西立. 加强文化建设 提高国家文化软实力［J］. 马克思主义与现实, 2007（6）.

[13] 田心铭. 为什么不能搞指导思想多元化［J］. 人民论坛, 2009（8）.

[14] 姜迎春, 宣云凤. 论新时期执政文化建设［J］. 马克思主义研究, 2011（12）.

[15] 王沪宁. 作为国家实力的文化：软权力［J］. 复旦学报（社会科学版）, 1993（3）.

[16] 韩宝华, 秦裕华. 当代中国语境下的文化软实力解读［J］. 实事求是, 2008（2）.

[17] 张幼良. 文化生态与20世纪80年代的词学研究［J］. 江海学刊, 2006（4）.

[18] 牟成文. 论马克思文化观的本质［J］. 社会科学研究, 2013（6）.

[19] 王文彦. 刍议推动中国文化发展与增强民族凝聚力——以社会主义"文化强国"建设为背景［J］. 民族论坛, 2012（12）.

[20] 王东雪. 文化困惑下中国传统音乐的思考［J］. 福建论坛（人文社会科学版）, 2010（S1）.

[21] 吴宁, 马瑞丽. 马克思主义文化观对中国文化建设的启示［J］. 理论视野, 2013（3）.

[22] 刘明福. 习近平时代中国进入"战略冲刺期"［J］. 决策与信息, 2014（1）.

[23] 陈力丹, 梁雨晨. 向世界说明中国——论中国的国际话语权问题及策略［J］. 新闻传播, 2010（11）.

[24] 陈蜻. 现代化视野下少数民族非物质文化遗产的传承［J］. 河北学刊, 2006（3）.

[25] 陈显泗. 论中国在东南亚的软实力［J］. 东南亚研究, 2006（6）.

[26] 陈正良. 增强中国文化软实力论要［J］. 浙江社会科学, 2008（2）.

[27] 单世联. 全球化时代的文化多样性［J］. 天津社会科学, 2005（2）.

[28] 邓清柯. 世界进入文化软实力时代［J］. 湖南社会科学, 2009（5）.

[29] 邓显超. 提升我国文化软实力的机遇与挑战［J］. 长白学刊, 2009（2）.

[30] 段钢. 文化精神寻觅与教养主义回归——文化软实力与精神家园构建［J］. 社会科学研究. 2008（5）.

[31] 郭建宁. 提高文化软实力与建设共有精神家园 [J]. 中国特色社会主义研究, 2008 (1).

[32] 郭卫华. 儒家道德哲学对提高"文化软实力"的启示与回应 [J]. 青海社会科学, 2008 (1).

[33] 郭云. 多维视野下的国外文化软实力研究 [J]. 学术论坛. 2010 (12).

[34] 何增科. 国际社会提高文化软实力的做法和经验 [J]. 毛泽东邓小平理论研究, 2010 (1).

[35] 贺学君. 非物质文化遗产保护的本质与原则 [J]. 民间文化论坛, 2005 (6).

[36] 胡键. 文化软实力研究：中国的视角 [J]. 社会科学, 2011 (5).

[37] 胡显章. 全球化背景下的文化多样性与文化自觉 [J]. 清华大学学报（哲学社会科学版）, 2007 (3).

[38] 黄行. 少数民族语言研究及其相关问题 [J]. 中国社会科学院院报, 2006 (9).

[39] 霍桂桓. 文化软实力的哲学反思 [J]. 学术研究, 2011 (3).

[40] 贾海涛. 文化软实力的构成及测评公式 [J]. 学术研究, 2011 (3).

[41] 贾海涛. 试析文化软实力的概念和理论框架 [J]. 岭南学刊, 2008 (2).

[42] 贾磊磊. 中国文化软实力提升的策略与路径 [J]. 东岳论丛, 2012 (1).

[43] 江凌. 中国文化软实力建设的十个问题——基于中美文化软实力比较的视角 [J]. 福建论坛, 人文社会科学版. 2012 (6).

[44] 阚和庆. 社会主义核心价值体系建设与提高文化软实力 [J]. 广西社会科学, 2011 (7).

[45] 赖祎华. 文化全球化背景下中国国际话语权的提升——以 CCTV—NEWS 外宣语言及策略为例 [J]. 江西社会科学, 2011 (10).

[46] 李彬. 提升国家文化软实力——全面发展的一个新视域 [J]. 前沿, 2008 (5).

[47] 李凤亮. 文化产业提升文化软实力的战略路径 [J]. 南京社会科学, 2011 (12).

[48] 李宏宇. 文化软实力的特征和外在形态 [J]. 学习与探索. 2011 (2).

[49] 李金才. 论建设社会主义核心价值体系在国家文化软实力中的地位和作用 [J]. 南方论刊, 2008 (9).

[50] 李君如. 增强国家文化软实力的六点思考 [J]. 新闻战线, 2012 (1).

[51] 李齐全. 提升我国文化软实力的实现路径 [J]. 社会主义研究, 2010 (6).

[52] 李希光. 话语权视角下的中国文化软实力建设 [J]. 思想政治工作研究, 2009 (4).

[53] 李雄华. 文化多样性与可持续发展 [J]. 求索, 2003 (1).

[54] 李毅. 坚持马克思主义指导地位牢牢把握先进文化的前进方向——论文化的一元与多元 [J]. 天津社会科学, 2003 (5).

[55] 李煜. 提升中国国际话语权面临的问题及对策 [J]. 当代世

界，2010（8）．

[56] 李智．软实力的实现与中国对外传播战略——兼与阎学通先生商榷［J］．现代国际关系，2008（7）．

[57] 李宗桂，张倩．"三元"并举提升文化软实力［J］．岭南学刊，2008（3）．

[58] 梁凯音．对中美关系中的中国国际话语权问题的研究［J］．东岳论丛，2010（7）．

[59] 林丹．解析国家文化软实力［J］．文化学刊．2010（6）．

[60] 刘洪顺．关于国家文化软实力的几点思考［J］．理论导刊，2008（1）．

[61] 刘建平，陈姣凤，林龙飞．论旅游开发与非物质文化遗产保护［J］．贵州民族研究，2007（3）．

[62] 刘魁立．文化生态保护区问题当议［J］．浙江师范大学学报（社会科学版），2007（3）．

[63] 刘莲玉．法制保障：保护与发展民族文化的关键［J］．民族论坛，2008（10）．

[64] 刘轶．文化产业与文化软实力的发展机遇［J］．毛泽东邓小平理论研究，2009（7）．

[65] 苏志勇．浅谈高职院校思想政治教育的创新途径［J］．新课程（教育学术），2011（9）．

[66] 郭强．论新时期高职院校思想政治教育的创新与发展［J］．科教导刊（中旬刊），2010．

[67] 张国威，等．高职院校思想政治教育创新研究［J］．山西财经大学学报，2009，12（2）．

［68］卢新德. 文化软实力建设与维护我国意识形态安全［J］. 山东大学学报（哲学社会科学版），2010（3）.

［69］罗能生，谢里. 国家文化软实力评估指标体系与模型构建［J］. 求索，2010（9）.

［70］桑玉成，李冉. 政党文化与中国共产党政党文化研究［J］. 毛泽东邓小平理论研究，2006（1）.

［71］沈其新，田旭明. 中国特色文化软实力与当代中华民族凝聚力［J］. 理论探讨. 2010（2）.

［72］孙波. 文化软实力及其我国文化软实力建设［J］. 科学社会主义，2008（2）.

［73］孙亮. "文化软实力"指标体系的建构原则与构成要素［J］. 理论月刊，2009（5）.

［74］孙伟平. 论文化多样性与跨文化交流［J］. 山东社会科学，2011（11）.

［75］唐踔. 论当代中国文化软实力的提升［J］. 文化学刊，2011（2）.

［76］童世骏. 提高国家文化软实力［J］. 求是，2008（6）.

［77］王广军. 论加强国家文化软实力建设［J］. 理论界，2009（1）.

［78］王杰. 全球化时代文化多样性的意义［J］. 学术月刊，2011（7）.

［79］王瑾. 文化软实力建设与意识形态安全［J］. 当代世界与社会主义，2009（6）.

［80］王巨山. 从"形式经历"到"女化体验"的回归——也谈非

物质文化遗产开发利用的原则与对策［J］．山东社会科学，2011（9）．

［81］王啸．国际话语权与中国国际形象的塑造［J］．国际关系学院学报，2010（6）．

［82］王媛，胡惠林．中国非物质文化遗产安全的现状与反思［J］．东岳论丛，2012（3）．

［83］李维武．建设社会主义文化强国的领导权问题［J］．中国特色社会主义研究，2012（2）．

［84］魏恩政，张锦．关于文化软实力的几点认识和思考［J］．理论导刊，2009（3）．

［85］武铁传．我国文化"软实力"存在问题及提升路径探析［J］．理论前沿，2009（7）．

［86］夏海军．建设国家文化软实力的根本：构建社会主义核心价值体系［J］．江淮论坛，2009（2）．

［87］项久雨．论国际视野中文化软实力的关系范畴及结构特征［J］．学习与实践，2010（11）．

［88］肖永明，张天杰．中国文化软实力研究的回归与前瞻［J］．湖南大学学报（社会科学版），2010（1）．

［89］徐大超．论中国的国际话语权及其"硬实力"基础［J］．当代世界，2010（6）．

［90］徐可纯．和谐文化建设是提高国家文化软实力的根本途径［J］．经济与社会发展，2008（4）．

［91］阎学通．中美软实力比较［J］．现代国际关系，2008（1）．

［92］杨新洪．关于文化软实力量化指标评价问题研究［J］．统计研究，2008，25（9）．

[93] 叶小青. 和平发展视阈中的中国文化软实力建构［J］. 长白学刊, 2009（3）.

[94] 于莉莉. 论文化软实力的内构［J］. 求索, 2008（7）.

[95] 于伟峰, 马晓. 胡锦涛坚持和巩固马克思主义指导地位的思想体系探析［J］. 社会主义研究, 2010（3）.

[96] 余玉花. 论文化软实力观［J］. 思想理论教育导刊, 2009（3）.

[97] 余悦. 非物质文化遗产研究的十年回顾与理性思考［J］. 江西社会科学, 2010（9）.

[98] 张晓萍. 文化旅游资源开发的人类学透视［J］. 思想战线, 2002（1）.

[99] 张耀灿. 坚持马克思主义指导地位是共产党执政的根本规律［J］. 社会主义研究, 2002（3）.

[100] 张子伟. 探索湘西州文化遗产保护的有效途径［J］. 民族论坛, 2004（11）.

[101] 赵世林, 田婧. 主客位语境下的民族文化遗产保护［J］. 云南社会科学, 2008（1）.

[102] 赵彦云. 中国文化产业竞争力评价与分析［J］. 中国人民大学学报, 2006（4）.

[103] 游斌. 十年探索路：原创文化研究的回顾与展望［J］. 北京师范大学学报（社会科学版）, 2011（4）.

[103] 彭柏林. 公益伦理的界定［J］. 云梦学刊, 2007（6）.

[104] 刘霞. 公益伦理主张的道德义务——论对弱势群体的救助［J］. 湖南师范大学社会科学学报, 2008（3）.

[105] 李彬. 当代中国公益伦理的研究主题及其面临的挑战 [J]. 湖南师范大学社会科学学报, 2008 (3).

[106] 彭柏林, 戚小村. 论作为公益伦理原则的公平 [J]. 湖南师范大学社会科学学报, 2008 (3).

[107] 彭柏林. 论当代中国公益伦理构建的必要性及其视角 [J]. 重庆工学院学报 (社会科学), 2008 (4).

[108] 韦朝烈. 论公民公益意识的培育与民间公益组织的发展 [J]. 探求, 2007 (2).

[109] 沈朝霞. 慈善事业的人性基础与现实发展——论西方几个派别的慈善思想 [J]. 社会科学, 1998 (4).

[110] 许琳, 张晖. 关于我国公民慈善意识的调查 [J]. 南京社会科学, 2004 (5).

[111] 李春成. 公共利益的概念建构评析——行政伦理学视角 [J]. 复旦学报 (社会科学版), 2003 (1).

[112] 马德普. 公共利益、政治制度与政治文明 [J]. 教学与研究, 2004 (8).

[113] 张萃萍. 敬业精神: 社会发展的内在精神动力 [J]. 社会科学, 2002 (4).

[114] 余潇枫, 盛晓蓉. 论公民人格 [J]. 浙江大学学报 (人文社会科学版), 1998 (2).

[115] 曾广乐. 试论道德精神及其现实意义 [J]. 山西大学学报 (哲学社会科学版), 2002 (6).

[116] 吴敏. 重释集体主义 [J]. 广西社会科学, 2005 (7).

[117] 李德顺. 从情感到理性——关于我国当前道德形势的再思

考（续）[J]. 教学与研究, 2001（5）.

[118] 龙静云. 市场经济条件下坚持和弘扬集体主义的思考 [J]. 广西大学学报（哲学社会科学版）, 2001（3）.

[119] 吴灿新. 伦理精神的本质及其价值 [J]. 现代哲学, 2001（4）.

[120] 梁莹. 公民自治精神与现代政治知识的成长 [J]. 南京社会科学, 2008（7）.

[121] 龚汝富. 中国古代商人的善德观与慈善事业 [J]. 江西财经大学学报, 2001（4）.

[122] 徐中振. 发展志愿服务的体制背景和社会意义 [J]. 当代青年研究, 1998（3）.

[123] 余晓菊. 实践的合理性：人类走出困境的现实途径 [J]. 湖南师范大学社会科学学报, 2003（1）.

[124] 张洪武. 市场失灵、政府失灵与政府治道变革 [J]. 理论导刊, 2008（8）.

[125] 李柏洲. 现阶段中国社会利他主义行为分析 [J]. 学术交流, 2008（1）.

[126] 刘建军. 论马克思主义信仰 [J]. 马克思主义研究, 1997（2）.

[127] 徐俊, 刘魁. 论马克思主义信仰中国化的现实依据与实施路径 [J]. 内蒙古社会科学（汉文版）, 2011（2）.

[128] 朱桂芳. 当代部分大学生的马克思主义信仰危机及其对策研究 [J]. 山西高等学校社会科学学报, 2010（1）.

[129] 陈跃, 熊洁. 关于当代大学生信仰问题的深层思考 [J].

高校理论战线，2010（4）

[130] 佘双好. 当代青年大学生信仰的特点及问题分析［J］. 学校党建与思想教育，2010（31）

[131] 夏鑫. 试论政治信仰的作用［J］. 周口师范学院学报，2005（4）.

[132] 程颖. 社会变革对当代青年学生政治社会化的影响［J］. 现代教育科学（高教研究），2005（5）.

[133] 王彬. 浅析当代大学生信仰危机的原因［J］. 宿州教育学院学报，2005，8（1）.

[134] 杨振闻. 坚定马克思主义信仰：社会主义核心价值体系建设的核心命题［J］. 湖南社会科学，2008（3）.

[135] 邓剑锋. 试论坚定政治信念［J］. 江西社会科学，2000（9）.

[136] 姚从军，万平. 新世纪马克思主义信仰的危机及我们的对策［J］. 湖南科技学院学报，2008，29（2）.

[137] 雷静. 当代大学生政治信仰的现状及分析［J］. 兰州学刊，2004（6）.

[138] 邵国平. 新时期高校学生的政治观探析［J］. 浙江师范大学学报（社会科学版），2002，27（3）.

[139] 杨小勤. 多元文化背景下大学生价值观教育对策探讨［J］. 宁夏师范学院学报，2008，29（1）.

[140] 胡忠玲. 多元文化背景下大学生价值观教育［J］. 当代青年研究，2008（1）.

[141] 施敏锋. 文化多元化对大学生价值观教育的影响及对策分

析［J］．沧桑，2009（4）．

［142］陈晓．论大学生信仰教育的实施［J］．教育评论，2006（5）．

［143］颜吾佴，荆学民．大学生信仰教育的方法研究［J］．中国高教研究，2006（7）．

［144］王继成．中国德育应加强信仰教育［J］．当代教育论坛，2006（18）．

［145］林崇德．21世纪学生发展核心素养研究［M］．北京：北京师范大学出版社，2016，3．

［146］顾明远．核心素养：课程改革的原动力［J］．人民教育，2015（13）．

［147］李尽阵．当代大学生道德责任教育研究［D］．西安：陕西师范大学，2009．

［148］褚宏启．核心素养的概念与本质［J］．华东师范大学学报（教育科学版），2016（1）．

［149］张华．论核心素养的内涵［J］．全球教育展望，2016（4）．

［150］张娜．De Se Co项目关于核心素养的研究及启示［J］．教育科学研究，2013（10）．

［151］裴新宁，刘新阳．为21世纪重建教育——欧盟"核心素养"框架的确立［J］．全球教育展望，2013（12）．

［152］滕珺．21世纪核心素养：国际认知及本土反思［J］．教师教育学报，2016（2）．

［153］刘晟，等．21世纪核心素养教育的课程、教学与评价［J］．华东师范大学学报（教育科学版），2016（3）．

［154］张娜. 联合国教科文组织的核心素养研究及其启示［J］. 教育导刊，2015（7）.

［155］傅兴春. 试论教师的核心素养和教育教学技能［J］. 福建基础教育研究，2015（11）.

［156］曾文茜，罗生全. 教师核心素养的生成逻辑与价值取向［J］. 教学与管理（中学版），2017（10）.

［157］李艺，钟柏昌. 谈"核心素养"［J］. 教育研究，2015（9）.

［158］Rex Nettleford. Migration, Transmission and Maintenance of the Intangible Heritage［J］. Museum International，2004，40（5）.

［159］Harriet Planning. Deacon. Intangible heritage［J］. International Journal of Heritage Studies，2004（5）.

［160］Kenji. Yoshida. The Museum and the intangible cultural heritage［J］. Museum International，2004，56（5）.

［161］Rylance. K. Archives and the intangible［J］. Arehivaria，2006（62）.

六、报纸类

［1］中共中央关于深化文化体制改革推动社会主义文化大发展大繁荣若干重大问题的决定［N］. 人民日报，2011-10-26（1）.

［2］胡锦涛. 在中国文联第八次全国代表大会中国作协第七次全国代表大会上的讲话［N］. 光明日报，2006-11-11.

［3］习近平. 完善和发展中国特色社会主义制度 推进国家治理体系和治理能力现代化［N］. 人民日报，2014-02-18（1）.

[4] 中共中央总书记、国家主席、中央军委主席习近平在北京主持召开文艺工作座谈会并发表重要讲话[N]. 人民日报, 2014-10-05.

[5] 习近平. 习近平总书记在主持中共中央政治局第十三次集体学习[N]. 人民日报, 2014-02-24.

[6] 习近平. 在十二届全国人大一次会议闭幕会上的讲话[N]. 人民日报, 2013-03-17.

[7] 习近平. 在纪念孔子诞辰2565周年国际学术研讨会暨国际儒学联合会第五届会员大会开幕会上的讲话[N]. 人民日报, 2014-09-25.

[8] 习近平. 在比利时欧洲学院的谈话[N]. 人民日报, 2014-04-02.

[9] 习近平. 在省部级主要领导干部学习贯彻十八届三中全会精神全面深化改革专题研讨班开班式上的讲话[N]. 人民日报, 2014-02-17.

[10] 习近平. 在全国宣传思想工作会议上的讲话[N]. 人民日报, 2013-08-19.

[11] 习近平. 在会见第四届全国道德模范时的讲话[N]. 人民日报, 2013-09-27.

[12] 习近平. 在中央党校建校80周年庆祝大会上的讲话[N]. 人民日报, 2013-03-03.

[13] 习近平. 在考察山东曲阜孔庙时的讲话[N]. 人民日报, 2013-11-26.

[14] 习近平. 在中共中央政治局第十二次集体学习时的讲话

[N]．人民日报，2014-01-01．

[15] 习近平．中国文艺座谈会［N］．人民日报，2014-10-15．

[16] 习近平．如何提升文化软实力［N］．人民日报，2016-07-01．

[17] 赵立波．整体推进文化体制改革［N］．人民日报，2010-10-12．

[18] 王旭玲，蔡建波．提升国家文化软实力的四个层面［N］．光明日报，2009-01-11．

[19] 贾旭东．中国文化软实力：共赢、贡献与和谐［N］．中国社会科学院院报，2008-05-08．

[20] 贾磊磊．国家文化软实力的主要构成［N］．光明日报，2007-12-07．

[21] 何星亮．民族复兴需要文化自信［N］．人民日报，2015-08-14（7）．

[22] 商志晓．人类文明在交流互鉴中发展进步——深入学习习近平同志关于人类文明进步的重要论述［N］．人民日报，2014-10-16（7）．

[23] 郑光魁．弘扬中华文化 建设中华民族共有精神家园［N］．人民日报，2008-01-03．

[24] 马知遥．并非所有"非遗"都须"复活"［N］．人民日报，2013-12-01．

[25] 贾立政．"中国奇迹"的期待：从政治软实力看中国的强盛［N］．人民论坛，2008-02-28．

七、网络类

[1] 中共中央关于深化文化体制改革 推动社会主义文化大发展大繁荣若干问题的决定[EB/OL]. http：//news. xinhuanet. com/politics/2011 – 10/25/c_ 122197737. htm.

[2] 国务院办公厅. 关于印发文化体制改革中经营性文化事业单位转制为企业和进一支持文化企业发展两个规定的通知[EB/OL]. 中华人民共和国中央人民政府网站—http：//www. gov. cn/zhengce/content/2014 – 04/16/content 8764. htm. （2014 – 04 – 16）[2019 – 10 – 15］.

[3] 胡锦涛. 在中国文联全国第八次全国代表大会中国作协第七次全国代表大会上的讲话[EB/OL]. http：//cpc. people. com. cn/GB/64093/64094/5026509. html.

[4] 习近平. 讲好中国故事 传播好中国声音[EB/OL]. http：//news. xinhuanet. com/zgjx/2013 – 08/21/c_ 132648439. htm. （2013 – 08 – 21）［2019 – 10 – 15］.

[5] 习近平. 使社会主义核心价值观的影响像空气一样无所不在[EB/OL]. http：//news. xinhuanet. com/politics/2014 – 02/25/c_ 119499523. htm. （2014 – 02 – 25）［2014 – 04 – 29］.

[6] 北京大学中国软实力课题组. 软实力在中国的实践之一——软实力概念[EB/OL]. http：//theory. people. com. cn/GB/49157/49165/6957188. html.

[7] 文化部. 文化建设投入稳定增长 公共文化设施建设成效显著[EB/OL]. http：//news. xinhuanet. com/politics/2012 – 06/26/c_

123330520. htm. (2012-06-26) [2019-10-15].

[8] 论文化全球化 [EB/OL]. http：blog. sina. com. cn/s/blog_4f18eee70100cdeq. html.

[9] 北京大学中国软实力课题组. 软实力在中国的实践之四——文化软实力 [EB/OL]. http://www. jmdbq. gov. cn/? 29428. html. (2008-03-12) [2019-10-15].

[10] 钟启泉. 核心素养的"核心"在哪里 [N]. 中国教育报, 2015-04-01.

[11] 齐永胜. 教师核心素养之我见 [N]. 中国教师报, 2017-08-30 (14).

[12] 王振耀. 当代中国慈善事业：现状、路径、前景 [EB/OL]. 中国社会科学报—http://www. sinoss. net/2010/0726/24108. html. (2010-07-26) [2019-10-15].

[13] 陈凯. 倡导大学生乏溢创业. 凰网财经·财经资讯—http://finanee. ifeng. eom/news/speeial/ZOlllianghui/shtml.

[14] 李连杰打造国内首家公益研究院 [EB/OL]. 中国环球网—http://ehina. huanqiu. eom/roll/2010. html.

[15] 行知公益同盟 [EB/OL]. http：/ 109. sina. eom. en/xZ10Ve.

[16] 乐群杯大学生公益创业大赛：http://blog. sina. com. cn/lequnbei2010.